उत्तरप्रदेश में क्षेत्रीय प्रिंट मीडिया एवं शिक्षण

डॉ. अभिनव

निखिल रस्तोगी

ड्राफ्ट२डिजिटल

©

ISBN 9798227964526

प्रथम संस्करण : **2024**

मूल्य : Rs1250/-

मुद्रक : 9400 एन. ब्रॉडवे स्टे.
410, ओक्लाहोमा सिटी,
ओक्लाहोमा 73114, यू.एस

पत्रकार बंधुओं एवं प्रबुद्ध मीडिया शिक्षकों को समर्पित

पुस्तक लिखने का उदेश्य

'उत्तरप्रदेश में क्षेत्रीय प्रिंट मीडिया एवं शिक्षण' पुस्तक लिखने का मुख्य उदेश्य यही है कि उत्तरप्रदेश जैसे विशाल प्रदेश की जनसंख्या को वर्तमान में प्रत्येक क्षेत्र की अपनी संग्रहित सूचनाओं के माध्यम से विकास पर अग्रसर करने वाले तमाम समाचार-पत्र एवं पत्रिकाओं को संग्रहित किया जाये। लेखक की मनोस्थिति में वर्तमान पुस्तक लिखने का विचार तब आया जब लेखक 'हरियाणा में रीजनल मीडिया एवं शिक्षण' नामक पुस्तक लिख चुका था कि क्यों नहीं इसी तरह की पुस्तक उत्तरप्रदेश के पत्रकारों, शिक्षकों, एवं विद्यार्थियों के लाभांवित हेतु लिखी जाये। दूसरी तरफइस तरह की पुस्तक से उत्तरप्रदेश के मीडिया साहित्य में वृद्धि अलग से होगी। इसी संदर्भ को साक्षात करती यह पुस्तक 'उत्तरप्रदेश में क्षेत्रीय प्रिंट मीडिया' आपके हाथों में है। पुस्तक के प्रथम अध्याय में उत्तरप्रदेश राज्य राज्य की प्रशासनिक व्यवस्था, जनसंख्या, धार्मिक, भाषायी और सामाजिक व्यवस्था, उत्तरप्रदेश उच्च न्यायालय इलाहाबाद, उत्तरप्रदेश सिविल सचिवालय, उत्तरप्रदेश विधान परिषद एवं विधानसभा, राज्यसभा, लोकसभा और विधानसभा की सीटोंके संबंध में मुख्यत: बिंदुओं पर प्रकाश डाला है।

अध्याय दो में उत्तरप्रदेश के अठारह मंडलों जिनमेंवाराणसी मंडल में प्रिंट मीडिया, फैजाबाद मंडल में प्रिंट मीडिया, आगरा मंडल में प्रिंट मीडिया, दैवीपाठन मंडल में प्रिंट मीडिया, आजमगढ़ मंडल में प्रिंट मीडिया, इलाहाबाद मंडल में प्रिंट मीडिया, कानपुर मंडल में प्रिंट मीडिया, चित्रकुट मंडल में प्रिंट मीडिया, झांसी मंडल में प्रिंट मीडिया, बरेली मंडल में प्रिंट मीडिया, बस्ती मंडल में प्रिंट मीडिया, मिर्जापुर मंडल में प्रिंट मीडिया, मुरादाबाद मंडल में प्रिंट मीडिया, मेरठ मंडल में प्रिंट मीडिया, लखनऊ मंडल में प्रिंट मीडिया, सहारनपुर मंडल में प्रिंट मीडिया, गोरखपुर मंडल में प्रिंट मीडिया, अलीगढ़ मंडल में प्रिंट मीडियासे प्रकाशित लोकल समाचार-पत्रों-पत्रिकाओं के साथ राष्ट्रीय प्रिंट मीडियाके नामों और उनकी सुर्कलेशन संख्या को संग्रहित किया गया है।

अध्याय तीन में उत्तरप्रदेश सरकार द्वारा मान्यता प्राप्त मीडिया कर्मियों की स्थिति का वर्णन किया गया है जिनमें राज्यस्तरीय और जिला स्तरीय पत्रकारों एवं फोटोग्राफरों की सूची संग्रहित की गई है। इसके साथ ही भावी पत्रकारों को मीडिया क्षेत्र में किन-किन पदों पर करिअर बना सकते है इस संदर्भ में विस्तृत वर्णन किया गया है।

अध्याय चार के अंतर्गत उत्तरप्रदेश में मीडिया शिक्षण एवं करिअर की संभावनाओं पर प्रकाश डाला गया है। इस अध्याय में भारतीय उच्च शिक्षा पर एक नजर, उत्तरप्रदेश में मीडिया शिक्षण, हरियाणा में मीडिया शिक्षण, अन्य राज्यों में मीडिया शिक्षण के साथ मीडिया शिक्षण में करिअर पर विस्तार पूर्णक लिखा गया है। वर्तमान में मीडिया शिक्षण की तरफ वरिष्ठ पत्रकारों, के साथ विद्यार्थियों का रूझान का काफी बढ़ा है क्योंकि भारत में जिस गति से मीडिया उद्योग बढ़ रहा है वही दूसरी तरफ मीडिया शिक्षण संस्थानों में बढ़ोतरी हो रही है। लेखक को आशा है कि मीडिया शिक्षण और मीडिया में करिअर विद्यार्थियों की पहले से ज्यादा रूचि बढ़ाने में कारगर साबित होगा।

इन सभी जिलों से प्रकाशित हो रहे क्षेत्रीय एवं राष्ट्रीय प्रिंट मीडिया संबंधित डाटा सामग्री सूचना के अधिकार अधिनियम-2005 के तहत जनसम्पर्क विभाग, 'उत्तरप्रदेश सरकार के तहत संग्रहित की है इसलिए जो संबंधित सामग्री जनसम्पर्क विभाग से दिया गया है उसी को आधार मानकर इसे ज्यों का त्यों पाठकों तक पहुंचाने का प्रयास किया गया है।

लेखक ने मूल-स्त्रोतों से सामग्री लेने, संदर्भित करने एवं प्रस्तुत करने का यथासंभव प्रयास किया है।लेखक को आशा है कि प्रस्तुत पुस्तक के माध्यम से पाठक को उत्तरप्रदेश के क्षेत्रीयप्रिंट मीडिया और मीडिया शिक्षण की बारिकीजानकारियों से लाभान्वित होंगे।

सर्व भवन्तु मंगलम

डॉ. अभिनव
स्थान : स्थाणेश्वर, कुरुक्षेत्र (हरियाणा)
ईमेल: abhinav@kuk.ac.in

आभार

लेखक प्रस्तुत पुस्तक 'उत्तरप्रदेश में क्षेत्रीय प्रिंट मीडिया एवं शिक्षण' के तमाम सहायक विद्वजनोंका अनंत आभारी है, जिनकी सहायता से यह शोधपूर्ण पुस्तकपूर्ण हो सकी है। इस कड़ी में लेखकअपने सहयोगी एवं विद्यार्थी निखिल रस्तोगी का विशेष आभारी है जिन्होंने उत्तरप्रदेश की प्रिंट मीडिया की सामग्री को एकत्रित करने में महत्त्वपूर्ण भूमिका निभाई। इसके साथ ही लेखक प्रोफेसर हरीश कुमार, विभागाध्यक्ष पत्रकारिता एवं जनसंचार महर्षि दयानंद विश्वविद्यालय, रोहतक, प्रोफेसर बिंदु शर्मा, निदेशिका, जनसंचार एवं मीडिया प्रौद्योगिकी संस्थान, कुरुक्षेत्र विश्वविद्यालय, श्री रवि प्रकाश, अस्सिटेंट प्रोफेसर, दूरस्थ एवं ऑनलाइन शिक्षा केंद्र, कुरुक्षेत्र विश्वविद्यालय, कुरुक्षेत्र का आभारी है जिन्होंने सामग्री को व्यवस्थित करने में अहम भूमिका निभाई।सूचना जन संपर्क विभाग उत्तरप्रदेश सरकार के तमाम आलाधिकारियों एवं कर्मचारियों के साथ जिला सूचना जन सम्पर्क अधिकारियोंका आभारी है, जिन्होंने सूचना के अधिकार अधिनियम–2005 मे तहत सूचनाएं उपलब्ध करवाईं।
मैं इनके अतिरिक्त सभी शुभचिंतकों के प्रति सम्मान और कृतज्ञता का भाव रखता हूं।

सर्व भवन्तु मंगलम

डॉ. अभिनव
स्थान : स्थाणेश्वर, कुरुक्षेत्र
ईमेल: abhinav@kuk.ac.in

भारत का संविधान

उद्देशिका

हम भारत के लोग, भारत को एक संपूर्ण प्रभुत्व सम्पन्न समाजवादी, पंथनिरपेक्ष लोकतंत्रात्मक राज्य बनाने के लिए तथा उसके समस्त नागरिकों को :
सामाजिक, आर्थिक और राजनीतिक **न्याय**,
विचार, अभिव्यक्ति, विश्वास, धर्म और उपासना की **स्वतन्त्रता**,
प्रतिष्ठा और अवसर की **समता**,
प्राप्त कराने के लिए तथा उन सब व्यक्ति की गरीमा और राष्ट्र की एकता और अखण्डता सुनिश्चित करने वाली बंधुता बढ़ाने के लिए दृढ़संकल्प होकर अपनी इस संविधान सभा मे आज तारीख 26 नवंबर, 1949 ई. को एतद्द्वारा इस संविधान को अंगीकृत अधिनियमित और आत्मार्पित करते हैं।[1]

---

[1]https://www.mlaw.gov.sg

संदर्भसामग्री

डॉ. अभिनव, हरियाणा में मीडिया और जनसम्पर्क, संजय प्रकाशन, नई दिल्ली-2023
डॉ. अभिनव, हरियाणा में रीजनल मीडिया एवंशिक्षण, अंटलाटिक पब्लिकेशन 2024
राजकीय स्कूल मीडिया शिक्षिक डॉ. मनोज कुमार से 13.10.2021 बातचीत
राजकीय स्कूल मीडिया शिक्षिका दीपिका से 13.12.2022 बातचीत
बजट सत्र दिसंबर-2022, रांची लोक सभा संसदीय सीट स ेमाननीय संजय सेठ का प्रस्ताव
मीडिया शिक्षक कंवलजीत, दीपिका से बाचतीत के आधार क्रमश: 23.1.2023, 2.2.2023
राजकीय कॉलेज गुहलाचिक्का में कार्यरत एक्सटेंशन लेक्चार श्रीकंवलजीत सेबातचीत 24.4.2023

सूचना के अधिकारअधिनियिम-2005 के तहतप्राप्तसूचनाएं-

सूचना के अधिकार अधिनियम 2005, पत्र संख्या-आरटीआई. 2023.1866 दिनांक 15.3.2023 मदविरोहतक
सूचना के अधिकार अधिनियम-2005, पत्र संख्या-एस.आई.पी.ओ.2023/5767 दिनांक 27.3.2023 भिवानी
सूचना के अधिकार अधिनियम-2005, पत्र संख्या-एस.पी.आई.ओ,2023.5682 दिनांक 14.3.2023 सिरसा
सूचनाका अधिकार अधिनियम-2005, पत्र संख्या-सीआएसयू,एमसी,2023,195, दिनांक 15.3.2023 जींद
सूचनाका अधिकार अधिनियम-2005 पत्र संख्या- आर.टी.आई.15, 2023/694 दिनांक- 22.3.2023 फरीदाबाद
सूचनाका अधिकार अधिनियम-2005 पत्र संख्या 2807, ह.के.वि.सू.का.अधि.प्रको. दिनांक 27.3.2023, महेंद्रगढ़
सूचनाका अधिकार अधिनियम-2005, दिनांक 24.5.22, हरियाणा लोक सेवा आयोग
सूचना एवं जनसम्पक विभाग, उतरप्रदेश के तहत आरटीआई दिनांक 9 जनवरी 2023
सूचना का अधिकार अधिनियम-2005, पत्र संख्या पीआईओ, 2023, एन.एफ. 6889, 39822, दिनांक 13.4.2023
सूचनाका अधिकार अधिनियम-2005, पत्र संख्या 17/07-2023 सी-1(4) दिनांक- 18.4.2023

दैनिकसमाचार-पत्र-
दैनिक जागरण 22 नवंबर 2023
दैनिक ट्रिब्यून 18नवंबर 2023
जनसता 23नवंबर 2023
दैनिक ट्रिब्यून 24 जनवरी 2023
दैनिक भास्कर, 25 जनवरी 2023
दैनिक जागरण, 25 नवंबर 2023
आज समाज 15 दिसंबर 2023

Websites
http://highereducationharyana.gov.in
http://Registrar General& Census Commissioner of India Report 2013
http://haryanaassembly.gov.in
http://haryanahealth.nic.in/Documents/Profile.pdf
https://hi.wikipedia.org
https://www.communicationtheory.org
https://mib.gov.in
http://haryanaurdu.nic.in
http://sahitya-akademi.gov.in
http://highereduhry.com
http://filmcell.prharyana.gov.in
https://ceoharyana.gov.in

https://www.india.gov.in

http://www.pgimsrohtak.ac.in

https://pgimer.edu.in/

https://en.wikipedia.org/wiki/Amar_Ujala

https://en.wikipedia.org/wiki/Dainik_Bhaskar

https://en.wikipedia.org/wiki/Dainik_Jagran

https://en.wikipedia.org/wiki/Punjab_Kesari

https://en.wikipedia.org/wiki/The_Tribune_(Chandigarh)

https://en.wikipedia.org/wiki/Dainik_Tribune

https://hi.wikipedia.org/wiki/haribhoomi

Home | Audit Bureau of Circulation

https://papersize.co/newspaper-sizes

http://www.cdlu.ac.in/index.php/department-details/9/14.html

https://www.gjust.ac.in

https://new.cblu.ac.in

https://gurugramuniversity.ac.in

https://crsu.ac.in

https://jcboseust.ac.in

https://www.cuh.ac.in

https://www.gdgoenkauniversity.com

https://manavrachna.edu.in
https://sgtuniversity.ac.in

https://jgu.edu.in

https://www.amity.edu

https://www.krmangalam.edu.in

https://www.pdm.ac.in

https://www.niilmuniversity.in

https://www.osgu.ac.in

haryanascbc.gov.in

https://haryana.gov.in

Wikipedia https://en.wikipedia.org

https://eci.gov.in

cpim.org

bjp.org

bahujansamajparty.net

aitcofficial.org

inc.in

nppindia.in

communistparty.in

https://wallacecarlson.com

https://web.archive.org

https://www.easymedia.in/elements-newspaper

philnews.ph

https://www.juicyenglish

https://www.ugc.ac.in

https://highereduhry.ac.in

https://www.kuk.ac.in

https://mdu.ac.in

https://www.cdlu.ac.in

https://gurugramuniversity.ac.in

https://new.cblu.ac.in

https://crsu.ac.in

https://jcboseust.ac.in

https://gurugramuniversity.ac.in

https://www.cuh.ac.in

https://jgu.edu.in

https://www.gdgoenkauniversity.com

https://manavrachna.edu.in

https://www.niilmuniversity.in

https://sgtuniversity.ac.in

https://jgu.edu.in
https://www.amity.edu

https://www.krmangalam.edu.in

https://www.pdm.ac.in

https://www.osgu.ac.in

https://highereduhry.ac.in

https://cmksirsa.com

https://jcdv.edu.in

https://www.shahsatnamjiboyscollege.com

https://dnc.ac.in

https://davcollegekarnal.ac.in

https://davcollegeyamunanagar.ac.in

https://rohtak.gov.in

https://lgigmmvkaithal.com

https://aryapgcollege.ac.in

https://www.pdm.ac.in

www.gmncollegeambala.ac.in

https://davcollegefaridabad.ac.in

https://legislative.gov.in/constitution-of-india

http://rni.nic.in

https://www.papersizes.org

https://philnews.ph

https://www.easymedia.in

www.haribhoomi.com

www.bhaskar.com

Jagran.com

www.amarujala.com

https://en.wikipedia.org/wiki/Punjab_Kesari

dainiktribuneonline.com

https://worldpopulationreview.com

https://censusindia.gov.in

http://ignited.in/I/a/305305

haryanascbc.gov.in

https://educationforallinindia.com/1968

https://educationforallinindia.com/1986

https://www.education.gov.in

https://www.kuk.ac.in

https://information.up.gov.in/sites/default/files/documents/press1.pdf

ग्रेटर नोएडा प्रेस क्लब - विकिपीडिया (wikipedia.org)
https://knowindia.india.gov.in/states-uts/uttar-pradesh
https://up.gov.in/en/page/social-demography

https://worldpopulationreview.com/countries/india-population
https://worldpopulationreview.com/country-rankings/religion-by-country
https://worldpopulationreview.com/country-rankings/religion-by-country
https://en.wikipedia.org/wiki/Uttar_Pradesh
https://en.wikipedia.org/wiki/Uttar_Pradesh
https://en.wikipedia.org/wiki/Allahabad_High_Court
https://www.allahabadhighcourt.in/intro.htm

https://nriol.com/india-statistics/uttarpradesh/districts.asp

https://eci.gov.in

file:///C:/Users/as/Downloads/Main%20Notification%20(English)%2023.09.2021.pdf

https://sec.up.nic.in/site

https://web.archive.org/web/20160305020442/http://rajyasabha.nic.in/rsnew/rsat_work/chapter-2.pdf

https://en.wikipedia.org/wiki/List_of_Rajya_Sabha_members_from_Uttar_Pradesh

https://sec.up.nic.in/site

https://indianconstitution.guru/constitution-of-india/part-16/article-330

https://www.vidhanparishadproceedings.up.gov.in

ttps://uplegisassembly.gov.in

https://uplegisassembly.gov.in/Committee/Samitiyan_hi.aspx#/samiti_parichay

https://uplegisassembly.gov.in/Committee/Samitiyan_hi.aspx#/vartamaan_samitiyan

https://indianconstitution.guru/constitution-of-india/part-16/article-332

https://en.wikipedia.org/wiki/Poona_Pact

https://upvidhansabhaproceedings.gov.in/reserved-seat

https://uplegisassembly.gov.in/getImageHandler.ashx?ID=18&con=22

https://en.wikipedia.org/wiki/18th_Uttar_Pradesh_Assembly

https://en.wikipedia.org/wiki/List_of_chief_ministers_of_Uttar_Pradesh

https://en.wikipedia.org/wiki/List_of_Scheduled_Castes_in_Uttar_Pradesh

http://samajkalyan.up.gov.in/h

https://edistrict.up.gov.in/edistrictup

http://samajkalyan.up.gov.in/hi, https://www.mcpanchkula.org/wp-content/uploads/2023/02/Uttar-Pradesh-All-Caste-List-Download-in-One-PDF.pdf

https://www.mcpanchkula.org/wp-content/uploads/2023/02/Uttar-Pradesh-All-Caste-List-Download-in-One-PDF.pdf
https://edistrict.up.gov.in/edistrictup

https://media.careers360.com/colleges/list-of-media-journalism-colleges-in-uttar-pradesh?page=3&sort_by=4

https://www.india.gov.in
https://en.wikipedia.org/ wiki/Languages_of_Uttar_Pradesh

https://www.up.gov.in
byjus.com/free-ias-prep/important-newspapers-during-indian-freedom-struggle
https://en.wikipedia.org/ wiki/Maulana_Azad
https://hi.wikipedia.org/ wiki/महात्मा_गांधी
https://www.mea gov.in/ambedkar.htm
https://rni.nic.in

https://www.papersizes.org

https://philnews.ph

Art and print production ,N.N.Sarkar,Oxford University Press,NewDehli Pages

https://www.easymedia.in

http://www.auditbureau.org

https://samajwadiparty.in/about-the-party

https://en.wikipedia.org/wiki/Nationalist_Congress_Party

https://en.wikipedia.org/wiki/Rashtriya_Lok_Dal

https://en.wikipedia.org/wiki/Janata_Dal_(Secular)

https://rjd.co.in

https://en.wikipedia.org/wiki/Indian_Union_Muslim_League

https://en.wikipedia.org/wiki/All_India_Majlis-e-Ittehadul_Muslimeen

https://rashtriyalokdal.com/about-party/

रिपोर्ट-

1. अखिल भारतीय उच्च शिक्षा सर्वेक्षण (ए.आई.एस.एच.ई.) 2020-21
2. सूचना एवं प्रसारण मंत्रालय, वार्षिकरिपोर्ट 2020-2021
3. सूचना एवं प्रसारण मंत्रालय, वार्षिक रिपोर्ट 2021-2022
4. ब्मदेने 1911
5. ब्मदेने 1941
6. ब्मदेने 2011

लेखक परिचय –

डॉ. अभिनव सुपुत्र स्वर्गीय रुपचंद गाँव मारौत, तहसीलमात नहेल, जिला झज्जर, हरियाणा के निवासी है।लेखक ने पत्रकारिता एवंजनसंचारविषय में एम.ए.(2007), एम.फिल.(2008), पी.एच.डी.(2014), महर्षि दयानंद विश्वविद्यालय, रोहतक से उत्तीर्ण की हैं। लेखक को विश्वविद्यालय अनुदान आयोग द्वारा उच्च शिक्षा को दी जाने वाली राष्ट्रीय राजीव गांधी छात्रवृत्ति प्राप्त है।लेखक विश्वविद्यालय अनुदान आयोग द्वारा प्राध्यापको की नियुक्ति हेतु ली जाने वाली राष्ट्रीय पात्रता परीक्षा उत्तीर्ण (2008) की है। राष्ट्रीय दैनिक समाचार पत्र दैनिक हरिभूमि में उपसंपादक के पद (2007-9) परसेवाएंदीहै।लेखककीपूर्वमें'हरियाणामेंमीडियाऔरजनसम्पर्क' संजय प्रकाशन नई दिल्ली, 'हरियाणा में रीजनल मीडिया एवं शिक्षण' अंटलाटिक पब्लिकेशन नई दिल्ली पुस्तकें प्रकाशित हो चुकी है। लेखक वर्तमान में जनसंचार एवं मीडिया प्रौद्योगिकी संस्थान कुरुक्षेत्र विश्वविद्यालय में असिस्टेंट प्रोफेसर के पद (2014 से) पर कार्यरत है।

निखिल रस्तोगी

श्री निखिल रस्तोगी सुपुत्र राजकुमार रस्तोगी, सिद्धी विनायक इस्टेट, बरेली, उत्तरप्रदेश के निवासी है।लेखक ने जनसंचार एवं पत्रकारिता में बी.ए. डिग्री, जनसंचार एवं मीडिया प्रोद्योगिकी संस्थान, कुरुक्षेत्र विश्वविद्यालय, कुरुक्षेत्र, हरियाणा से 2023 में उत्तीर्ण किया है। वर्तमान में जनसंचार एवं पत्रकारिता विभाग,एम. ए. प्रथम वर्ष, लखनऊ विश्वविद्यालय के विद्यार्थी है।

1.विकास के पथ पर उत्तरप्रदेश

उत्तर प्रदेश का इतिहास अत्यंत प्राचीन एवं रोचक है। इसे उत्तर वैदिक युग में ब्रह्मर्षि देश या मध्य देश के रूप में मान्यता प्राप्त है। इस राज्य में भारद्वाज, गौतम, याज्ञवल्क्य, वशिष्ठ, विश्वामित्र और वाल्मिकी जैसे वैदिक काल के कई महान ऋषि फले-फूले। आर्यों के अनेक पवित्र ग्रन्थों की रचना भी यहीं हुई। छठी शताब्दी ईसा पूर्व में उत्तर प्रदेश दो नए धर्मों – जैन धर्म और बौद्ध धर्म से जुड़ा था। बनारस जिले के अंतर्गत पवित्र स्थान सारनाथ में ही महामानव गौतम बुद्ध ने अपना पहला उपदेश अपने पांच अनुयायियों को दिया था और अपने बौद्ध धम्म की नींव रखी थी।महामानव गौतम बुद्ध अपने जीवन काल के अंतिम क्षणों तक आधुनिक उत्तर प्रदेश के पूर्व महानगरों में अपने महान विचारों से लोगों को जागरूक करते रहे। महामानव गौतम बुद्ध ने कुशीनगर में अपनी अंतिम सांस ली थी। उत्तर प्रदेश के मथुरा, अयोध्या, प्रयागराज, वाराणसी जैसे जिले हिंदू धर्म की आस्था के केंद्र है। मध्ययुगीन काल में, उत्तर प्रदेश मुस्लिम शासन के अधीन हो गया और हिंदू और इस्लामी संस्कृतियो के नए संश्लेषण का मार्ग प्रशस्त हुआ। इस काल में रामानंद, कबीर, तुलसीदास, सूरदास और कई अन्य बुद्धिजीवियों ने हिंदी और अन्य भाषाओं के विकास में योगदान दिया।[2] राज्य में वर्तमान समय की सभी प्रकार की परिस्थितियों का संक्षेप में वर्णन किया गया है जो पाठक को लाभांवित करेगा।

सामाजिक जनसांख्यिकी

उत्तर प्रदेश जनसंख्या, राजनीतिक जागरूकता, ऐतिहासिक एवं सांस्कृतिक विरासत तथा दृष्टि से उत्तर प्रदेश देश का अत्यंत महत्वपूर्ण राज्य है। भारत की लगभग 17 प्रतिशत आबादी राज्य में रहती है। भौगोलिक दृष्टि से यह राजस्थान, मध्य प्रदेश, महाराष्ट्र और आंध्र प्रदेश के बाद 5वां स्थान प्राप्त करता है और भारत के 7.3प्रतिशत भूमि क्षेत्र को कवर करता है। क्षेत्रफल की प्रतिशतसे इसका क्षेत्रफल 240.928 वर्ग किलो मीटर है।[3]राज्य का विस्तृत विवरण इस प्रकार से है-

1. कुल क्षेत्रफल –240.928 वर्ग किलोमीटर
2. मंडल–18
3. जिले–75
4. नगर निकाय–915
5. न्याय पंचायतें– 8135
6. नगर निगम–200
7. ग्राम सभाएं–59163
8. विकास खंड–822
9. आबादी वाले गांव–97941
10. डाकघर–180000
11. राज्यसभा सदस्य–31
12. विधानपरिषद सदस्य–100
13. विधानसभा सदस्य–403

---

[2] https://knowindia.india.gov.in/states-uts/uttar-pradesh
[3] https://up.gov.in/en/page/social-demography

1.2 जनसंख्या, धार्मिक, भाषायी और सामाजिक स्थिति

किसी भी देश-प्रदेश की संपूर्ण जानकारी के लिए जनसंख्या, भाषा, धर्म और सामाजिक स्थितियों के बारे में जानना अति आवश्यक होता है। इसी कड़ी में उत्तरप्रदेश के साथ-साथ संसार एवं देश की जनसंख्या, भाषा, धर्म के संबंध में जानकारी करेंगे। यह संपूर्ण सारणियों के माध्यम से इस प्रकार से है–

सारणी संख्या-1

अक्टूबर 2023 के अनुसार संसार और भारत की जनसंख्या की स्थिति-

संसार की जनसंख्या	भारत की जनसंख्या	भारत में वृद्धि दर	जन्म दर प्रति सेंकड	मृत्यु दर प्रति सेंकड
7,975,105,000	1432653526	0.91	63,124	35,214

उपरोक्त सारणी संख्या-1,वर्ल्ड पापुलेशन रिव्यू डॉटकॉम के अनुसार अक्टूबर2023 में संसार की कुल जनसंख्या-7,975,105,000 है, वही भारत की कुल जनसंख्या 1,424,507,035 है, जो वृद्धि दर के हिसाब से 0.91 प्रतिशत है। इसके साथ-साथ में जन्म दर प्रत्येक सेंकड 63,124 और मृत्यु दर प्रत्येक सेंकड 35,214 है।[4]

सारणी संख्या-2

अक्टूबर 2023 के अनुसार संसार में धार्मिक स्थिति –

ईसाईधर्म	मुस्लिमधर्म	हिंदूधर्म	बौद्ध धम्म	लोक धर्म	अन्य धर्म	यहूदी धर्म	असंबद्ध लोग
2.4 बिलियन	1.91 बिलियन	1.16 बिलियन	507बिलियन	430 मिलियन	61मिलियन	14.6 मिलियन	1.91 मलियन

उपरोक्त सारणी संख्या-2,वर्ल्ड पापुलेशन रिव्यू डॉटकॉम के अनुसार अक्टूबर2023 तक इसाई धर्म को 2.4 बिलियन लोग मानते है, वही मुस्लिम धर्म को 1.91 बिलियन लोग मानते है, वही हिंदू धर्म को 1.16 बिलियन लोग मानते है, वही बौद्ध धम्म को 507 मिलियन लोग मानते है, वही लोक धर्म को 430 मिलियन लोग मानते है, वही यहूदी धर्म को 61 मिलियन लोग मानते है, वही 61 मिलियन लोग किसी भी धर्म से संबंधित नहीं है और 1.91 मिलियन लोग बिना किसी धर्म को नहीं मानते है।[5]

---

[4] https://worldpopulationreview.com/countries/india-population
[5] https://worldpopulationreview.com/countries/india-population

सारणी संख्या-3

अक्टूबर 2023 के अनुसार जनसंख्या स्थिति-

भारत की जनसंख्या	अधिक जनसंख्या वाला राज्य	कम जनसंख्यावाला राज्य
1432653526	उत्तर प्रदेश 2522121400	सिक्किम610577

उपरोक्त सारणी संख्या-3,के अनुसार भारत की कुल जनसंख्या 1432653526 है। देश में अधिक जनसंख्या वाला राज्य उत्तर प्रदेश 2522121400 है, वही कम जनसंख्या वाला राज्य सिक्किम 610577 है।[6]

सारणी संख्या-4

2011 के अनुसार में धार्मिक स्थिति प्रतिशता में-

हिंदूधर्म	मुस्लिमधर्म	ईसाई धर्म	बौद्ध धम्म	सिक्ख	जैन	पारसी	अन्य
79.80	14.23	2.30	0.70	1.72	0.37	0.01	0.9

उपरोक्त सारणी संख्या-4,के अनुसार भारत की पंद्रहवी जनगणना 2011 के हिसाब से धार्मिक स्थिति के अध्ययन में हिंदू धर्म 79.80 प्रतिशत, मुस्लिम धर्म 14.23 प्रतिशत, ईसाई धर्म 2.30 प्रतिशत, बौद्ध धम्म 0.70 प्रतिशत, सिख धर्म 1.72 प्रतिशत, जैन धर्म 0.37 प्रतिशत, पारसी धर्म 0.01 प्रतिशत एवं अन्य धर्मो को मानने वाले और नहीं माननते वाले लोगों की 0.9 प्रतिशत है।[7]

सारणी संख्या-5

2011 के अनुसार-भाषायी स्थिति प्रतिशत-

हिंदी	अंग्रेजी	बंगाली	मराठी	तेलगू	तमिल	गुजराती	उर्दू
57.1	10.6	8.9	8.2	7.8	6.3	5	5.2

सारणी संख्या-6

2011 के अनुसार- भाषायी स्थिति प्रतिशत-

कन्नड़	उड़िया	मलयालम	पंजाबी	संस्कृत
4.94	3.56	2.9	3	0.19

---

[6] https://worldpopulationreview.com/countries/india-population
[7] https://worldpopulationreview.com/country-rankings/religion-by-country

उपरोक्त सारणी संख्या-5, सारणी संख्या-6 के अनुसार भारत में हिंदी, अंग्रेजी, बंगाली, मराठी, तेलगू, तमिल, गुजराती, उर्दू, कन्नड़, उड़िया, मलयालम, पंजाबी, संस्कृत बोलियां प्रथम, द्वितीय और तृतीय स्तर पर लोगों के द्वारा बोली जाती हैं। इसके अलावा बहुत सी भाषाएं एवं बोलियां है जो लोगों के द्वारा बोली जाती है।[8]

सारणी संख्या-7

2011 के अनुसार उतरप्रदेश में धार्मिक स्थिति-

हिंदू धर्म	मुस्लिम धर्म	सिख धर्म	ईसाई धर्म	बौद्ध धम्म	जैन धर्म	अन्य
79.7प्रतिशत	19.03 प्रतिशत	0.3 प्रतिशत	0.2 प्रतिशत	0.1 प्रतिशत	0.1 प्रतिशत	0.3 प्रतिशत

उपरोक्त सारणी संख्या-7,2011 की जनगणना के अनुसार हिंदू 79.7प्रतिशत, मुस्लिम 19.3प्रतिशत, सिख 0.3प्रतिशत, ईसाई 0.2प्रतिशत, जैन 0.1प्रतिशत, बौद्ध 0.1प्रतिशत और अन्य 0.3प्रतिशत थी।2011 की जनगणना में राज्य की साक्षरता दर 67.7प्रतिशत थी, जो राष्ट्रीय औसत 74प्रतिशत से कम थी।पुरुषों के लिए साक्षरता दर 79प्रतिशत और महिलाओं के लिए 59प्रतिशत है। 2001 में राज्य में साक्षरता दर कुल मिलाकर 56प्रतिशत थी, पुरुषों के लिए 67प्रतिशत और महिलाओं के लिए 43प्रतिशत थी।राष्ट्रीय सांख्यिकी कार्यालय (एन.एस.ओ.) सर्वेक्षण[9]की रिपोर्ट के आधार पर उत्तर प्रदेश की साक्षरता दर 73प्रतिशत है, जो राष्ट्रीय औसत 77.7प्रतिशतसे कम है। रिपोर्ट के अनुसार, ग्रामीण क्षेत्र में पुरुषों में साक्षरता दर 80.5प्रतिशत और महिलाओं में 60.4प्रतिशत है, जबकि शहरी क्षेत्रों में पुरुषों में साक्षरता दर 86.8प्रतिशत और महिलाओं में 74.9प्रतिशत है।[10]

सारणी संख्या-8

उतरप्रदेशराज्य में भाषा और बोलियों की स्थिति-

हिंदी	भोजपुरी	उर्दू	अवधि	अन्य
80.16 प्रतिशत	11प्रतिशत	5.42 प्रतिशत	1.9 प्रतिशत	1.59 प्रतिशत

उपरोक्त सारणी संख्या-8 के उतरप्रदेश में हिंदी प्राथमिक अधिकारिक भाषा है और अधिकांश आबादी (80.16प्रतिशत) द्वारा बोली जाती है। भोजपुरी राज्य की दूसरी सबसे अधिक बोली जाने वाली भाषा है,यह लगभग 11प्रतिशत आबादी द्वारा बोली जाती है। अधिकांश लोग जनगणना में हिंदी की बोलियों के रूप में वर्गीकृत क्षेत्रीय भाषाएँ बोलते हैं। अवध में बोली जाने वाली अवधी, पूर्वी उत्तर प्रदेश के पूर्वांचल में बोली जाने वाली भोजपुरी और पश्चिमी उत्तर प्रदेश के ब्रज क्षेत्र में बोली जाने वाली ब्रज भाषा शामिल है। इन भाषाओं को राज्य सरकार द्वारा अपने-अपने क्षेत्रों में आधिकारिक उपयोग के लिए भी मान्यता दी गई है। उर्दू को दूसरी आधिकारिक भाषा का दर्जा दिया गया है, जो 5.4प्रतिशत आबादी द्वारा बोली जाती है।अंग्रेजी का उपयोग शिक्षा,

---

[8]https://worldpopulationreview.com/country-rankings/religion-by-country
[9]राष्ट्रीय सांख्यिकी कार्यालय (एन.एस.ओ.) सर्वेक्षण रिपोर्ट
[10] https://en.wikipedia.org/wiki/Uttar_Pradesh

वाणिज्य और शासन के लिए संचार के साधन के रूप में किया जाता है। यह आमतौर पर शैक्षणिक संस्थानों में शिक्षा की भाषा के साथ-साथ व्यावसायिक लेनदेन करने और प्रशासनिक मामलों के प्रबंधन के लिए बोली और नियोजित की जाती है। राज्य में बोली जाने वाली अन्य उल्लेखनीय भाषाओं में पंजाबी (0.3प्रतिशत) और बंगाली (0.1प्रतिशत) शामिल है।[11]

इलाहाबाद उच्च न्यायालय

इलाहाबाद उच्च न्यायालय, जिसे अधिकारिक तौर पर इलाहाबाद में न्यायिक उच्च न्यायालय के रूप में जाना जाता है, वर्तमान प्रयागराज शहर में स्थित उच्च न्यायालय है, जिसे पहले इलाहाबाद के नाम से जाना जाता था, जिसका भारतीय राज्य उत्तर प्रदेश पर अधिकार क्षेत्र है। इसकी स्थापना 17 मार्च 1866 को हुई थी, जिससे यह भारत में स्थापित सबसे पुराने उच्च न्यायालयों में से एक बन गया।इलाहाबाद उत्तर-पश्चिमी प्रांत सरकार की सीट बन गया और 1834 में एक उच्च न्यायालय की स्थापना की गई लेकिन एक वर्ष के भीतर इसे आगरा में स्थानांतरित कर दिया गया। 1875 में यह वापस इलाहाबाद स्थानांतरित हो गया।पूर्व उच्च न्यायालय इलाहाबाद विश्वविद्यालय परिसर में महालेखाकार के कार्यालय में स्थित था।इसकी स्थापना 17 मार्च 1866 को भारतीय उच्च न्यायालय अधिनियम 1861 द्वारा पुराने सदर दीवानी अदालत के स्थान पर आगरा में उत्तर-पश्चिमी प्रांतों के लिए उच्च न्यायालय के रूप में की गई थी। सर वाल्टर मार्गन, बैरिस्टर-एट-लॉ और मिस्टर सिम्पसन को क्रमश: उत्तर-पश्चिमी प्रांतों के उच्च न्यायालय का पहला मुख्य न्यायाधीश और पहला रजिस्ट्रार नियुक्त किया गया।उत्तर-पश्चिमी प्रांतों के लिए उच्च न्यायालय का स्थान 1875 में आगरा से इलाहाबाद स्थानांतरित कर दिया गया और 11 मार्च 1919 को इसका नाम तदनुसार बदलकर इलाहाबाद उच्च न्यायालय कर दिया गया।[12]

2 नवंबर 1925 को, गवर्नर जनरल की पिछली मंजूरी और इस अधिनियम के पारित होने के साथ संयुक्त प्रांत विधानमंडल द्वारा अधिनियमित, अवध सिविल न्यायालय अधिनियम 1925 द्वारा अवध न्यायिक आयुक्त न्यायालय को लखनऊ में अवध मुख्य न्यायालय द्वारा प्रतिस्थापित कर दिया गया था।25 फरवरी 1948 को, अवध के मुख्य न्यायालय को इलाहाबाद उच्च न्यायालय के साथ मिला दिया गया।जब उत्तरांचल राज्य, जिसे अब उत्तराखंड के नाम से जाना जाता है, 2000 में उत्तर प्रदेश से अलग कर दिया गया, तो इस उच्च न्यायालय का उत्तरांचल में आने वाले जिलों पर अधिकार क्षेत्र समाप्त हो गया।इलाहाबाद उच्च न्यायालय में अब तक 49 न्यायधीश हो चुके है और 50वें न्यायधीश प्रीतिकर दीवाकर है।[13]

उत्तर प्रदेश का इतिहास 1 अप्रैल 1937 को आगरा और अवध के उत्तर पश्चिमी प्रांतों के रूप में इसके गठन तक फैला हुआ है। इस क्षेत्र में प्रारंभिक आधुनिक काल 1526 में शुरू हुआ जब बाबर ने दिल्ली सल्तनत पर आक्रमण किया और आधुनिक उत्तर प्रदेश के बड़े हिस्से को कवर करते हुए मुगल साम्राज्य की स्थापना की। मुगल साम्राज्य के अवशेषों में उनके स्मारक शामिल है। विशेष रूप से फतेहपुर सीकरी इलाहाबाद किला आगरा किला और ताजमहल। यह क्षेत्र 1857 के भारतीय विद्रोह का स्थल था जिसमें मेरठ कानपुर और लखनऊ में विद्रोह हुए थे। यह क्षेत्र भारतीय राष्ट्रीय कांग्रेस के साथ भारतीय स्वतंत्रता आंदोलन का स्थल भी था। 1947 में आजादी के बाद 1950 में संयुक्त प्रांत का नाम बदलकर उत्तर प्रदेश कर दिया गया। 2000में उत्तराखंड राज्य को उत्तर प्रदेश से अलग करके बनाया गया था।

उतर प्रदेश में वर्तमान में 75 जिलें है जिन्हें 18 मंडलों में विभाजित किया गया है जो इस प्रकार है-

1. सहारनपुर मंडल
2. मुरादाबाद मंडल
3. बरेली मंडल
4. मेरठ मंडल

---

[11] https://en.wikipedia.org/wiki/Uttar_Pradesh
[12] https://en.wikipedia.org/wiki/Allahabad_High_Court
[13] https://www.allahabadhighcourt.in/intro.htm

5. अलीगढ़ मंडल
6. आगरा- मंडल
7. देवीपठन मंडल
8. बस्ती मंडल
9. गोरखपुर मंडल
10. कानपुर मंडल
11. लखनऊ मंडल
12. फैजाबाद मंडल
13. आजमगढ़ मंडल
14. झांसी मंडल
15. चित्रकुट मंडल
16. प्रयागराग मंडल
17. वाराणसी मंडल
18. मिर्जापुर मंडल

सारणी संख्या-9

18 मंडलों में विभाजित 75 जिलों के नाम, क्षेत्रफल, जनसंख्या की सूची-

क्रमांक	जिले का नाम	क्षेत्रफल	जनसंख्या	मंडल
1.	आगरा	4,027	4,418,800	आगरा
2.	अलीगढ़	3,747	3,690,388	अलीगढ़
3.	प्रयागराज	5,482	5,959,798	प्रयागराज
4.	अम्बेडकर नगर	2,372	2,025,376	फैजाबाद
5.	अमरोहा	2,321	1,499,193	मुरादाबाद
6	औरैया	2,051	1,179,496	कानपुर
7.	आजमगढ़	4,234	3,950,808	आजमगढ़
8.	बदायूँ	5,168	3,069,245	बरेली
9.	बहराइच	5,745	2,384,239	देवीपाठन

10.	बलिया	2,981	2,752,412	आजमगढ़
11.	बलरामपुर	2,925	1,684,567	दैवीपाठन
12.	बांदा	4,413	1,500,253	चित्रकुटधाम
13.	बाराबंकी	3,825	2,673,394	फैजाबाद
14.	बरेली	4,120	3,598,701	बरेली
15.	बस्ती	3,034	2,068,922	बरेली
16.	बिजनोर	4,561	3,130,586	मुरादाबाद
17.	बुलन्दशहर	3,719	2,923,290	मेरठ
18.	चंदौली वाराणसी देहात	2,554	1,639,777	बनारस
19.	चित्रकूट	3,202	800,592	चित्रकूटधाम
20.	देवरिया	2,535	2,730,376	गोरखपुर
21.	एटा	4,446	2,788,274	अलीगढ़
22.	इटावा	2,287	1,340,031	कानुपर
23.	फैजाबाद	2,765	2,087,914	फैजाबाद
24.	फरुंखाबाद	2,279	1,577,237	कानुपर

25.	फतेहपुर	4,152	2,305,847	प्रयागराज
26.	फिरोजाबाद	2,361	2,045,737	आगरा
27.	गौतमबुद्ध नगर	1,269	1,191,263	मेरठ
28.	गाजियाबाद	1,956	3,289,540	मेरठ
29.	गाजीपुर	3,377	3,049,337	बनारस
30.	गोण्डा	गोण्डा	2,765,754	दैवीपाठन
31.	गोरखपुर	3,325	3,784,720	गोरखपुर
32.	हमीरपुर	4,325	1,042,374	चित्रकुटधाम
33.	हापुड	6609	13,38,211	मेरठ
34.	हरदोई	5,986	3,397,414	लखनऊ
35.	हाथरस	1,752	1,333,372	अलीगढ़
36.	जौनपुर	4,038	3,911,305	बनारस
37.	झाँसी	5,024	1,746,715	झाँसी
38.	कन्नौज	1,993	1,385,227	कानपुर
39.	कानपुर देहात	3,143	1,584,037	कानपुर
40.	कानपुर नगर	40 3,029	4,137,489	कानपुर
41.	कौशांबी	1,837	1,294,937	प्रयागराज

42.	कुशीनगर	2,909	2,923,290	गोरखपुर
43.	लखीमपुर खीरी	7,680	3,200,137	लखनऊ
44	ललितपुर	5,039	977,447	झांसी
45.	लखनऊ	2,528	3,681,416	लखनऊ
46.	कासगंज	1993	14,38,156	अलीगढ़
47.	महराजगंज	2,948	2,167,041	गोरखपुर
48..	महोबा	2,847	708,831	चित्रकूट धाम
49..	मैनपुरी	2,760	1,592,875	आगरा
50.	मथुरा	3,333	2,069,578	आगरा
51.	मऊ	1,713	1,849,294	आजमगढ़
52.	मेरठ	2,522	3,001,636	मेरठ
53.	मिर्जापुर	4,522	2,114,852	मिर्जापुर
54.	मोरादाबाद	3,648	3,749,630	मुरादाबाद
55.	मुजफ्फरनगर	2,945	3,541,952	सहारनपुर

56.	पीलीभीत	3,499	1,643,788	बरेली
57.	प्रतापगढ़	3,717	2,727,156	प्रयागराज
58.	रायबरेली	4,609	2,872,204	लखनऊ
59.	रामपुर	2,367	1,922,450	मुरादाबाद
60.	सहारनपुर	3,860	2,848,152	सहारनपुर
61.	संतकबीर नगर	1,659.15	1,714,300	बस्ती
62.	संतरविदास नगर	960	1,352,056	मिर्जापुर
63.	सम्भल	16 2	217,020	मुरादाबाद
64.	शाहजहाँपुर	4,575	2,549,458	बरेली
65.	शामली	1,054	1,377,840	सहारपुर
66.	श्रावस्ती	1,126	1,175,428	देवीपाठन
67.	सिद्धार्थनगर	2,751	2,038,598	नवगढ़
68.	सीतापुर	5,743	3,616,510	बस्ती
69.	सोनभद्र	6,788	1,862,612	मिर्जापुर

70.	सुल्तानपुर	69,436	3,190,926	फैजाबाद
71.	उन्नाव	4,558	2,700,426	लखनऊ
72.	वाराणसी (काशी)	1,578	3,147,927	वाराणसी
73.	इलाहबाद	5,482	5,954,391	प्रयागराज
74.	अमेठी	3,063	1,280,800	फैजाबाद
75.	बागपत	1,321	1,303,048	मेरठ

स्रोतः https://nriol.com/india-statistics/uttarpradesh/districts.asp[14]

उपरोक्त सारणी संख्या-9 से पाठक समझ सकते है कि उत्तरप्रदेश राज्य के कुल 75 जिलों में क्षेत्रिय, जनसंख्या एवं अन्य आंकड़ों के आधार पर राज्य बहुत ही विस्तारित है।

भारत सरकार के चुनाव आयोगके23 सितंबर 2021 के पत्र संख्या 56/2021/पीपीएस-3 के अनुसार भारत में नौ राष्ट्रीय राजनीति पार्टियाँपंजीकृत है। इसके अतिरिक्त चुनाव आयोग के तहत राज्यों में विभिन्न में 2,796 क्षेत्रिय राजनीतिक दल पंजीकृत हैं। देश की नौ राजनीति राष्ट्रीय पार्टियाँ की सूची इस प्रकार से है-[15]

सारणी संख्या-10

भारत में राष्ट्रीय राजनीति पार्टियाँ और उनकी स्थापना वर्ष –

क्रमांक	राजनीति पार्टियों के नाम	स्थापना वर्ष	चिह्न	रंग
1.	इंडियन नेशनल कांगेस	28 दिसंबर 1885	हाथ	स्काई ब्लू
2.	भारतीय कम्युनिट पार्टी	26 दिसंबर 1925	मकई दरांती कान	लाल
3.	भारतीय कम्युनिट पार्टी(माक्र्सवादी)	7 दिसंबर 1964	हैमर स्किल स्टार	लाल
4.	भारतीय जनता पार्टी	6 अप्रैल 1980	कमल का फूल	सैफरोन

---

[14]https://nriol.com/india-statistics/uttarpradesh/districts.asp
[15]https://eci.gov.in

क्रमांक	राजनीति दलों के नाम	स्थापना	चिन्ह	रंग
5.	बहुजन समाज पार्टी	14 अप्रैल 1984	हाथी	ब्लू
6.	अखिल भारतीय तृणमूल कांग्रेस पार्टी	1 जनवरी 1998	फूल और घास	हरा
7.	राष्ट्रीय कांग्रेस पार्टी	10 जून 1999	घड़ी	प्रशांत नीला
8.	नेशनल पीपुल्स पार्टी	6 जनवरी 2013	किताब	हरा सैफरान
9.	आम आदमी पार्टी	नवंबर 2012	झाड़ू	ब्लू

स्त्रोतः https://eci.gov.in[16]

उपरोक्त सारणी संख्या-10 के अनुसारभारत में राष्ट्रीय राजनीति पार्टियों में मुख्यतः इंडियन नेशनल कांगेस,भारतीय कम्युनिट पार्टी,भारतीय कम्युनिट पार्टी (माक्र्सवादी),भारतीय जनता पार्टी,बहुजन समाज पार्टी, अखिल भारतीय तृणमूल कांग्रेस पार्टी, राष्ट्रीय कांग्रेस पार्टी, नेशनल पीपुल्स पार्टी,आम आदमी पार्टी सम्मिलित है।

उतरप्रदेश में पंजीकृत राजनीतक दलों की स्थिति-

सारणी संख्या-11

उतरप्रदेश चुनाव आयोग की वेबसाइट के अनुसार में विभिन्न पंजीकृत राजनीति दलों के नाम एवं सिंबल-

कम्रांक संख्या	राजनीति दलों के नाम	स्थापना	चिन्ह
1.	बहुजन समाज पार्टी	14 अप्रैल 1984	हाथी
2.	भारतीय जनता पार्टी	6 अप्रैल 1980	कमल
3.	इंडियन नेशनल कांग्रेस	28दिसंबर 1885	हाथ
4.	समाजवादी पार्टी	4 अक्टूबर 1992	साईकिल
5.	नेशलिस्ट कांग्रेस पार्टी	10 जून 1999	घड़ी
6.	जनता दल (यूनाइटेड)	30 अक्टूबर 2003	तीर
7.	भारतीय कम्युनिट पार्टी (माले)	26दिसंबर 1925	तीन सितारों के साथ झंडा
8.	भारतीय कम्युनिट पार्टी (माक्र्सवादी)	7 दिसंबर 1964	हथौड़ा,हंसिया और सितारा
9.	राष्ट्रीय लोकदल	1996	हस्त चालित पम्प
10.	जनता दल (सेक्यूलर)	1999	सिर पर धान रखे महिला किसान
11.	ऑल इंडिया फारवर्ड ब्लॉक	1963	शेर

---

[16]file:///C:/Users/as/Downloads/Main%20Notification%20(English)%2023.09.2021.pdf

12.	ऑल इंडिया मजलिस-ए-हत्तेहादुल-मुस्लिमीन	1927	पतंग
13.	आम आदमी पार्टी	नवंबर 2012	झाड़ू
14.	इंडियन यूनियन मुस्लिम लीग	10 मार्च 1948	सीढ़ी
15.	भारतीय कम्युनिट पार्टी	26 दिसंबर 1925	बाल और हसिया
16.	राष्ट्रीय जनता दल	5 जुलाई 1997	हरिकैन लैम्प

स्त्रोत: https://eci.gov.in[17]

उपरोक्त सारणी संख्या- 11 के अनुसार में उतरप्रदेश में विभिन्न पंजीकृत राजनीति दलों में मुख्यत: बहुजन समाज पार्टी,भारतीय जनता पार्टी,इंडियन नेंशनल कांग्रेस,इंडियन नेंशनल कांग्रेस,समाजवादी पार्टी,नेंशलिस्ट कांग्रेस पार्टी,जनता दल (यूनाइटेड),भारतीय कम्युनिट पार्टी (माले),भारतीय कम्युनिट पार्टी (मार्क्सवादी),राष्ट्रीय लोकदल, जनता दल (सेक्युलर),ऑल इंडिया फारवर्ड ब्लॉक,ऑल इंडिया मजलिस-ए-हत्तेहादुल-मुस्लिमीन, आम आदमी पार्टी,इंडियन यूनियन मुस्लिम लीग,भारतीय कम्युनिट पार्टी, राष्ट्रीय जनता दल सम्मिलित है।

राज्य सभा की सीटें-

राज्यसभा (जिसका अर्थ है राज्यों की परिषद) भारत की संसद का ऊपरी सदन है। संविधान में निर्धारित राज्य सभा की अधिकतम सदस्यता 250 है। हालाँकि, वर्तमान ताकत 245 सदस्यों की है, जिनमें से 233 सदस्य हैं राज्यों और केंद्र शासित प्रदेशों के प्रतिनिधियों और 12 सदस्य भारत के महामहित राष्ट्रपति द्वारा नामित होते है। राज्यों के प्रतिनिधियों द्वारा भरी जाने वाली सीटों का आवंटन और केंद्र शासित प्रदेश वर्तमान में भारतीय संविधान की चौथी अनुसूची में निर्धारित है।[18] उत्तर प्रदेश में राज्यसभा के राज्य 31 सदस्यों का चुनाव करता है और वे अप्रत्यक्ष रूप से उत्तर प्रदेश के राज्य विधायकों द्वारा चुने जाते हैं। राज्यसभा सदस्य छह साल के लिए चुने जाते है और प्रत्येक दो साल के बाद 1/3 सदस्य सेवानिवृत्त हो जाते है। किसी भी पार्टी को आवंटित सीटों की संख्या, नामांकन के दौरान पार्टी के पास मौजूद सीटों की संख्या से निर्धारित होती है और पार्टी मतदान के लिए एक सदस्य को नामांकित करती है।[19] राज्य विधानसभाओं के भीतर चुनाव आनुपातिक प्रतिनिधित्व के साथ एकल हस्तांतरणीय वोट का उपयोग करके आयोजित किए जाते है।

सारणी संख्या-12

उत्तर प्रदेश राज्य में लोकसभा की सीटें

1.आगरा	11.बदायूँ	21.बागपत	31.फैजाबाद
2.अकबरपुर	12.बहराईच	22.बलिया	32.फर्रुखाबाद
3.अलीगढ़	13.बांदा	23.बांसगांव	33.फतेहपुर
4.इलाहाबाद	14.बाराबंकी	24.बरेली	34.फतेहपुर सीकरी
5.अंबेडकर नगर	15.बस्ती	25.भदोही	35.फिरोजाबाद
6.अमेठी	16.बिजनोर	26. बुलन्दशहर	36.वाराणसी

[17] https://sec.up.nic.in/site
[18] https://web.archive.org/web/20160305020442/http://rajyasabha.nic.in/rsnew/rsat_work/chapter-2.pdf
[19] https://en.wikipedia.org/wiki/List_of_Rajya_Sabha_members_from_Uttar_Pradesh

7.अमरोहा	17.बदायूँ	27.बागपत	37.लखनऊ
8.आजमगढ़	18.सुल्तानपुर	28.बलिया	38.लालगंज
9.चंदौली	19.देवरिया	29.धौरहरा	39.डुमरियागंज
10.एटा	20. इटावा	30. उन्नाव	40.सीतापुर
41.गौतमबुद्ध नगर	51.जौनपुर	61.मछलीशहर	71.रायबरेली
42.गाजियाबाद	52.झाँसी	62.महराजगंज	72.रामपुर
43.गाजीपुर	53.कैराना	63.मैनपुरी	73.राबर्टसगंज
44.घोसी	54.कैसरगंज	64.मथुरा	74.सहारनपुर
45.गोंडा	55.कन्नौज	65.मेरठ	75.सलेमपुर
46.गोरखपुर	56.कानपुर	66.मिर्जापुर	76.संभल
47.हमीरपुर	57.कौशांबी	67.मिश्रिख	77.संत कबीर नगर
48.हरदोई	58.खीरी	68.मोहनलालगंज	78.शाहजहाँपुर
49.हाथरस	59.कुशी नगर	69.मुरादाबाद	79.श्रावस्ती
50.जालौन	60. लालगंज	70.मुजफ्फरनगर	80.पीलीभीत

स्रोत: https://sec.up.nic.in[20]

भारत के संविधान के अनुच्छेद-330 के अनुसार खंड (1) लोक सभा में सीटें आरक्षित की जाएंगी - (ए) अनुसूचित जातियां (बी) असम के स्वायत्त जिलों में अनुसूचित जनजातियों को छोड़कर और (सी) असम के स्वायत्त जिलों में अनुसूचित जनजातियाँ। (1) के तहत किसी भी राज्य या केंद्र शासित प्रदेश में अनुसूचित जाति या अनुसूचित जनजाति के लिए आरक्षित सीटों की संख्या, यथासंभव उस राज्य या केंद्र शासित प्रदेश को आवंटित सीटों की कुल संख्या के समान अनुपात में होगी। राज्य या केंद्र शासित प्रदेश में अनुसूचित जातियों की आबादी या राज्य या केंद्र शासित प्रदेश या राज्य या केंद्र शासित प्रदेश के हिस्से में अनुसूचित जनजातियों की जनसंख्या, जैसा भी मामला हो, जिसके संबंध में सीटें हैं इस प्रकार आरक्षित, राज्य या केंद्र शासित प्रदेश की कुल जनसंख्या पर लागू होता है।[21]अनुच्छेद-330 के अतर्गत ही उत्तरप्रदेश में अनुसूचित जाति एवं अनुसूचित जनजातियों के लिए सीटें आरक्षित है।

उत्तर प्रदेश विधान परिषद- 100 सीटें

उत्तर प्रदेश विधान परिषद(उत्तर प्रदेश लेजिस्लेटिव काउंसिल) उत्तर भारत में उत्तर प्रदेश राज्य के द्विमासिक विधानमंडल का ऊपरी सदन है। उत्तर प्रदेश भारत के छ: राज्यों में से एक है, जहां राज्य विधानमंडल द्विगुणित है, इसमें दो सदन शामिल हैरू विधान सभा (लेजिस्लेटिव असेंबली) और विधान परिषद (लेजिस्लेटिव काउंसिल)। विधान परिषद एक स्थायी सभा है, इसमें 100 सदस्य है। द्वितीय सदन राज्य की विधायिका का महत्वपूर्ण घटक है। विधान निर्माण की प्रक्रिया में अपना बहुमूल्य सुझाव संशोधनों के माध्यम से प्रस्तुत करके यह सदन उल्लेखनीय योगदान देता है और प्रदेश के विकास के कार्यों में भी कार्यकारिणी का पथ-प्रदर्शन करने में एक अहम् भूमिका निभाता है। एक विधायी निकाय के रूप में जनता की मनोभावनाओं और आकांक्षाओं के अनुसार कार्य करते हुए जन सामान्य की समस्याओं को उजागर करने उनकी आकांक्षाओं एवं अपेक्षाओं को मुखरित करने तथा उन्हें सरकार तक पहुँचाने में उत्तर प्रदेश विधान परिषद् का एक सशक्त इतिहास रहा है। राजनैतिक, सामाजिक और आर्थिक परिवर्तन सम्बन्धी गतिविधियों का सूत्रधार है, जिससे शासन सम्बन्धी नीतियों, योजनाओं और कार्यक्रमों को समुचित दिशा निर्देश मिलता है। यह जिस प्रकार अपनी विधायी भूमिका का निर्वहन करता हैं उससे यह स्पष्ट होता है कि यह किसी भी लोकतांत्रिक व्यवस्था

---

[20] https://sec.up.nic.in

[21]https://indianconstitution.guru/constitution-of-india/part-16/article-330

के लिये वरदान स्वरूप है। वर्तमान राजनैतिक परिस्थिति में यह परम आवश्यक है कि प्रदेशों में उच्च सदन आवश्यक ही नहीं अपितु अपरिहार्य है और इन्हें सुदृढ़ बनाये जाने का हर संभव प्रयास होना चाहिये।[22]

उत्तर प्रदेश राज्य विधानसभा

उत्तर प्रदेश राज्य विधान परिषद का विधान सभा युक्त एक द्विसदनीय विधायिका है। उत्तर प्रदेश राज्य विधान मण्डल भारत के सबसे बड़ी विधायिका है उत्तर प्रदेश विधान सभा द्विसदनीय विधान मण्डल का निचला सदन है जिसमें 403 निर्वाचित सदस्य होते हैंद्व उ0प्र0 विधान परिषद में कुल 100 सदस्य हैं। वर्ष 1967 तक एक आंग्ल भारतीय सदस्य को सम्मिलित करते हुए विधान सभा की कुल सदस्य संख्या 431 थी। वर्ष 1967 के पश्चात् विधान सभा की कुल सदस्य संख्या 426 हो गई। 9 नवम्बर, 2000 को उत्तर प्रदेश राज्य के पुनर्गठन एवं उत्तराखण्ड के गठन के पश्चात् विधान सभा की सदस्य संख्या 403 निर्वाचित एवं एक आंग्ल भारतीय समुदाय के मनोनीत सदस्य को सम्मिलित करते हुए कुल 404 हो गई है। 25 जनवरी, 2020 को लागू हुए संविधान (104वें संशोधन) अधिनियम, 2019 के पश्चात एक एंग्लो इंडियन सदस्य को नामित करने का प्राविधान समाप्त कर दिया गया है, विधान सभा का कार्यकाल कुल 5 वर्ष का होता है यदि वह इसके पूर्व विघटित न हो गई हो। प्रथम विधान सभा का गठन 8 मार्च, 1952 को हुआ था। तब से इसका गठन अठारह बार हो चुका है। वर्तमान अठारहवीं विधान सभा का गठन 11 मार्च, 2022 को हुआ। गठन के उपरांत हुए प्रथम सत्र तथा प्रत्येक वर्ष के प्रथम सत्र के आरम्भ में राज्यपाल विधान मण्डल के एक साथ समवेत दोनों सदनों को सम्बोधित करते हैं। तदुपरांत आवश्यकतानुसार राज्यपाल पुन: विधान मण्डल को आहूत करते है। अध्यक्ष एवं उपाध्यक्ष का निर्वाचन मा0 सदस्य स्वयं में से करते है। उत्तर प्रदेश विधान सभा एवं विधान परिषद के सदन (भवन) ऐतिहासिक नगरी लखनऊ में स्थित है।[23]

समितियां-

विधान मण्डलों के बहुआयामी कार्य एवं सरकार के कार्यकलापों की जटिलताओं को दृष्टिगत रखते हुए राज्य विधान मण्डल के लिए यह सम्भव नहीं है कि वह सदन के अन्दर विधायन एवं अन्य महत्वपूर्ण कार्यो का सूक्ष्म परीक्षण कर सकें। राज्य की संचित निधि से धनराशि आहरित किये जाने की अपनी स्वीकृति के अन्तर्गत किये गये व्यय पर प्रभावी नियन्त्रण की आवश्यकता होती है। संविधान के अनुच्छेद-174(2) के अधीन विधान मण्डल के प्रति मंत्रिपरिषद के सामूहिक उत्तरदायित्व और कार्यपालिका के कृत्यों पर प्रभावी नियंत्रण रखने के लिए संविधान के अनुच्छेद 208 के अन्तर्गत बनायी गई उत्तर प्रदेश विधान सभा की प्रक्रिया तथा कार्य संचालन नियमावली, 1958 के विभिन्न स्थाई प्रेरित की वित्तीय एवं गैर वित्तीय समितियों का गठन किया जाता है।वित्तीय समितियों में लोक लेखा समिति, सार्वजनिक उपक्रम एवं निगम संयुक्त समिति, प्रदेश के स्थानीय निकायों के लेखा परीक्षा प्रतिवेदनों की जांच सम्बन्धी समिति तथा प्राक्कलन समिति मुख्य हैं। इसके अतिरिक्त उक्त नियमावली के अन्तर्गत आवश्यकतानुसार तदर्थ समितियों का भी गठन किये जाने का प्रावधान है। वास्तव में संसदीय समितियां सदन की आंख और कान का कार्य करती है और उन्ही के माध्यम से सदन सत्र में न रहते हुये भी निरन्तर कार्य करता रहता है प्रक्रिया नियमावली में जिन समितियों के गठन का प्रावधान है उनका तथा उनके कृत्यों आदि का विवरण आगे अंकित है।[24]

वर्तमान समितियो के नाम –

1. प्राक्कलन समिति
2. लोक लेखा समिति
3. प्रतिनिहित विधायन समिति
4. याचिका समिति
5. विशेषाधिकार समिति
6. सरकारी आश्वासन संबंधी समिति
7. प्रश्न एवं संदर्भ समिति

---

[22] https://www.vidhanparishadproceedings.up.gov.in
[23] ttps://uplegisassembly.gov.in

[24] https://uplegisassembly.gov.in/Committee/Samitiyan_hi.aspx#/samiti_parichay

8. नियम समिति

9. कार्य मंत्रणा समिति

10. आचार समिति

11. प्रदेश के स्थानीय निकायों के लेखा-परीक्षा प्रतिवेदनों की जाँच सम्बन्धी समिति

12. विधान पुस्तकालय समिति

13. संसदीय शोध संदर्भ एवं अध्ययन समिति

14. पंचायती राज समिति

15. संसदीय अनुश्रवण समिति

संयुक्त समितियां

16. अनुसूचित जातियों, अनुसूचित जनजातियों तथा विमुक्त जातियों सम्बन्धी संयुक्त समिति

17. सार्वजनिक उपक्रम एवं निगम संयुक्त समिति

18. आवास संबंधी संयुक्त समिति

19. महिला एवं बाल विकास सम्बन्धी संयुक्त समिति[25]

उत्तर प्रदेश राज्य विधानसभा की सीटों के नाम एवं नबंर संख्या-

1.99-सिरसागंज	फिरोजाबाद
2.98-शिकोहाबाद	फिरोजाबाद
3.97-फिरोजाबाद	फिरोजाबाद
4.96-जसराना	फिरोजाबाद
5.95-टूण्डला	फिरोजाबाद
6.94-बाह	आगरा
7.93-फतेहाबाद	आगरा
8.92-खैरागढ़	आगरा
9.91-फतेहपुर सीकरी	आगरा
10.90-आगरा ग्रामीण	आगरा
11.9-थाना भवन	शामली
12.89-आगरा उत्तर	आगरा
13.88-आगरा दक्षिण	आगरा
14.87-आगरा कैन्टोनमेंट	आगरा
15.86-एत्मादपुर	आगरा
16.85-बलदेव	मथुरा
17.84-मथुरा	मथुरा
18.83-गोवर्धन	मथुरा
19.82-मांट	मथुरा

---

[25] https://uplegisassembly.gov.in/Committee/Samitiyan_hi.aspx#/vartamaan_samitiyan

20.81-छाता   मथुरा

21.80-सिकन्दरा राऊ   हाथरस

22.8-कैराना   शामली

23.79-सादाबाद   हाथरस

24.78-हाथरस   हाथरस

25.77-इगलास   अलीगढ़

26.76-अलीगढ़   अलीगढ़

27.75-कोल   अलीगढ़

28.74-छर्रा   अलीगढ़

29.73-अतरौली   अलीगढ़

30.72-बरौली   अलीगढ़

31.71-खैर   अलीगढ़

32.70-खुर्जा   बुलन्दशहर

33.7-गंगोह   सहारनपुर

34.69-शिकारपुर   बुलन्दशहर

35.68-डिबाई   बुलन्दशहर

36.67-अनूपशहर   बुलन्दशहर

37.66-स्याना   बुलन्दशहर

38.65-बुलंदशहर   बुलन्दशहर

39.64-सिकन्दराबाद   बुलन्दशहर

40.63-जेवर   गौतम बुद्ध नगर

41.62-दादरी   गौतम बुद्ध नगर

42.61-नोएडा   गौतम बुद्ध नगर

43.60-गढ़मुक्तेश्वर   हापुड़

44.6-रामपुर मनिहारन   सहारनपुर

45.59-हापुड़   हापुड़

46.58-धौलाना   हापुड़

47.57-मोदी नगर   गाजियाबाद

48.56-गाजियाबाद   गाजियाबाद

49.55-साहिबाबाद   गाजियाबाद

50.54-मुरादनगर   गाजियाबाद

51.53-लोनी   गाजियाबाद

52.52-बागपत   बागपत

53.51-बड़ौत   बागपत

54.50-छपरौली   बागपत

55.5-देवबन्द   सहारनपुर

56.49-मेरठ दक्षिण   मेरठ

57.48-मेरठ   मेरठ

58.47-मेरठ कैन्टोनमेंट   मेरठ

59.	46-किठौर	मेरठ
60.	45-हस्तिनापुर	मेरठ
61.	44-सरधना	मेरठ
62.	43-सिवालखास	मेरठ
63.	42-हसनपुर	अमरोहा
64.	41-अमरोहा	अमरोहा
65.	403-दुद्धी	सोनभद्र
66.	402-ओबरा	सोनभद्र
67.	राबर्ट्सगंज	सोनभद्र
68.	400-घोरावल	सोनभद्र
69.	40-नौगाँव सादात	अमरोहा
70.	4-सहारनपुर	सहारनपुर
71.	399-मड़िहान	मिर्जापुर
72.	398-चुनार	मिर्जापुर
73.	397-मझवां	मिर्जापुर
74.	396-मिर्जापुर	मिर्जापुर
75.	395-छानबे	मिर्जापुर
76.	394-औराई	संत रवि दास नगर
77.	393-ज्ञानपुर	संत रवि दास नगर
78.	392-भदोही	संत रवि दास नगर
79.	391-सेवापुरी	वाराणसी
80.	वाराणसी कैन्टोनमेंट	वाराणसी
81.	39-धनौरा	अमरोहा
82.	389-वाराणसी दक्षिण	वाराणसी
83.	388-वाराणसी उत्तर	वाराणसी
84.	387-रोहनिया	वाराणसी
85.	386-शिवपुर	वाराणसी
86.	385-अजगरा	वाराणसी
87.	384-पिन्ड्रा	वाराणसी
88.	383-चकिया	चंदौली
89.	382-सैयदराजा	चंदौली
90.	381-सकलडीह	चंदौली
91.	380-मुगलसराय	चंदौली
92.	38-मिलक	रामपुर
93.	379-जमानियां	गाजीपुर
94.	378-मोहम्मदाबाद	गाजीपुर
95.	377-जहूराबाद	गाजीपुर
96.	376-जंगीपुर	गाजीपुर
97.	375-गाजीपुर	गाजीपुर

98.	374-सैदपुर गाजीपुर
99.	373-जखनिया गाजीपुर
100.	372-केराकत जौनपुर
101.	371-जफराबाद जौनपुर
102.	370-मडियाहूं जौनपुर
103.	37-रामपुर रामपुर
104.	369-मछलीशहर जौनपुर
105.	मुंगरा बादशाहपुर जौनपुर
106.	367-मल्हनी जौनपुर
107.	366-जौनपुर जौनपुर
108.	365-शाहगंज जौनपुर
109.	364-बदलापुर जौनपुर
110.	363-बैरिया बलिया
111.	362-बांसडीह बलिया
112.	361-बलिया नगर बलिया
113.	360-फेफना बलिया
114.	36-बिलासपुर रामपुर
115.	359-सिकन्दरपुर बलिया
116.	358-रसड़ा बलिया
117.	357-बेलथरा रोड बलिया
118.	356-मऊ मऊ
119.	355-मुहम्मदाबाद गोहना मऊ
120.	354-घोसी मऊ
121.	353-मधुबन मऊ
122.	352-मेहनगर आजमगढ़
123.	351-लालगंज आजमगढ़
124.	350-दीदारगंज आजमगढ़
125.	35-चमरव्वा रामपुर
126.	349-फूलपुर-पवई आजमगढ़
127.	348-निजामाबाद आजमगढ़
128.	347-आजमगढ़ आजमगढ़
129.	346-मुबारकपुर आजमगढ़
130.	345-सगड़ी आजमगढ़
131.	344-गोपालपुर आजमगढ़
132.	343-अतरौलिया आजमगढ़
133.	342-बरहज देवरिया
134.	341-सलेमपुर देवरिया
135.	340-भाटपार रानी देवरिया
136.	34-स्वार रामपुर

137.	339-रामपुर कारखाना	देवरिया
138.	338-पथरदेवा देवरिया	
139.	337-देवरिया देवरिया	
140.	336-रुद्रपुर देवरिया	
141.	335-रामकोला	कुशी नगर
142.	334-हाटा	कुशी नगर
143.	333-कुशीनगर	कुशी नगर
144.	332-फाजिलनगर	कुशी नगर
145.	331-तमकुही राज	कुशी नगर
146.	330-पडरौना	कुशी नगर
147.	33-सम्भल	सम्भल
148.	329-खड्डा	कुशी नगर
149.	328-चिल्लूपार	गोरखपुर
150.	327-बांसगांव	गोरखपुर
151.	326-चौरी-चौरा	गोरखपुर
152.	325-खजनी	गोरखपुर
153.	324-सहजनवा	गोरखपुर
154.	323-गोरखपुर ग्रामीण	गोरखपुर
155.	322-गोरखपुर शहर	गोरखपुर
156.	321-पिपराइच गोरखपुर	
157.	320-कैम्पियरगंज	गोरखपुर
158.	32-असमोली सम्भल	
159.	319-पनियरा महाराजगंज	
160.	318-महाराजगंज	महाराजगंज
161.	317-सिसवा महाराजगंज	
162.	316-नौतनवां	महाराजगंज
163.	315-फरेन्दा	महाराजगंज
164.	314-धनघटा संत कबीर नगर	
165.	313-खलीलाबाद	संत कबीर नगर
166.	312-मेंहदावल संतकबीर नगर	
167.	311-महादेवा	बस्ती
168.	310-बस्ती सदर	बस्ती
169.	31-चंदौसी	सम्भल
170.	309-रुधौली	बस्ती
171.	308-कप्तानगंज बस्ती	
172.	307-हरैया	बस्ती
173.	306-डुमरियागंज	सिद्धार्थ नगर
174.	305-इटवा	सिद्धार्थ नगर
175.	304-बांसी	सिद्धार्थ नगर

176.	303-कपिलवस्तु सिद्धार्थ नगर
177.	302-शोहरतगढ़ सिद्धार्थ नगर
178.	301-गौरा गोंडा
179.	300-मनकापुर गोंडा
180.	30-बिलारी मुरादाबाद
181.	3-सहारनपुर नगर सहारनपुर
182.	299-तरबगंज गोंडा
183.	298-कर्नलगंजगोंडा
184.	297-कटरा बाजार गोंडा
185.	296-गोंडा गोंडा
186.	295-मेहनौन गोंडा
187.	294-बलरामपुर बलरामपुर
188.	293-उतरौला बलरामपुर
189.	292-गैंसड़ी बलरामपुर
190.	291-तुलसीपुर बलरामपुर
191.	290-श्रावस्ती श्रावस्ती
192.	29-कुन्दरकी मुरादाबाद
193.	289-भिनगा श्रावस्ती
194.	288-कैसरगंज बहराइच
195.	287-प्यागपुर बहराइच
196.	286-बहराइच बहराइच
197.	285-महसी बहराइच
198.	मटेरा बहराइच
199.	283-नानपारा बहराइच
200.	282-बलहा बहराइच
201.	281-अकबरपुर अम्बेडकर नगर
202.	280-जलालपुरअम्बेडकर नगर
203.	28-मुरादाबाद नगर मुरादाबाद
204.	279-आलापुर अम्बेडकर नगर
205.	278-टांडा अम्बेडकर नगर
206.	277-कटेहरी अम्बेडकर नगर
207.	276-गोशाईगंज फैजाबाद
208.	275-अयोध्या फैजाबाद
209.	274-बीकापुर फैजाबाद
210.	273-मिल्कीपुर फैजाबाद
211.	272-हैदरगढ़ बाराबंकी
212.	271-रुदौली फैजाबाद
213.	270-दरियाबादबाराबंकी
214.	27-मुरादाबाद ग्रामीण मुरादाबाद

215.	269-जैदपुर	बाराबंकी
216.	268-बाराबंकी	बाराबंकी
217.	267-राम नगर	बाराबंकी
218.	266-कुर्सी	बाराबंकी
219.	265-कोरांव	प्रयागराज (इलाहाबाद)
220.	264-बारा	प्रयागराज (इलाहाबाद)
221.	263-प्रयागराज (इलाहाबाद) दक्षिण	प्रयागराज (इलाहाबाद)
222.	262-प्रयागराज (इलाहाबाद) उत्तर	प्रयागराज (इलाहाबाद)
223.	(इलाहाबाद) पश्चिम	प्रयागराज (इलाहाबाद)
224.	260-करछना	प्रयागराज (इलाहाबाद)
225.	26-ठाकुरद्वारा	मुरादाबाद
226.	259-मेजा	प्रयागराज (इलाहाबाद)
227.	258-हण्डिया	प्रयागराज (इलाहाबाद)
228.	257-प्रतापपुर	प्रयागराज (इलाहाबाद)
229.	256-फूलपुर	प्रयागराज (इलाहाबाद)
230.	255-सोरांव	प्रयागराज (इलाहाबाद)
231.	254-फाफामउ	प्रयागराज (इलाहाबाद)
232.	253-चायल	कौशाम्बी
233.	252-मंझनपुर	कौशाम्बी
234.	251-सिराथू	कौशाम्बी
235.	250-रानीगंज	प्रतापगढ़
236.	25-कांठ	मुरादाबाद
237.	249-पट्टी	प्रतापगढ़
238.	248-प्रतापगढ़	प्रतापगढ़
239.	247-बिश्वनाथगंज	प्रतापगढ़
240.	246-कुण्डा	प्रतापगढ़
241.	245-बाबागंज	प्रतापगढ़
242.	244-रामपुर खास	प्रतापगढ़
243.	243-खागा	फतेहपुर
244.	242-हुसैनगंज	फतेहपुर
245.	241-अयाह शाह	फतेहपुर
246.	240-फतेहपुर	फतेहपुर
247.	24-नूरपुर	बिजनौर
248.	239-बिन्दकी	फतेहपुर
249.	238-जहानाबाद	फतेहपुर
250.	237-मानिकपुर	चित्रकूट
251.	236-चित्रकूट	चित्रकूट
252.	235-बांदा	बाँदा
253.	234-नरैनी	बाँदा

254.	233-बबेरू	बाँदा
255.	232-तिन्दवारी	बाँदा
256.	231-चरखारी	महोबा
257.	230-महोबा	महोबा
258.	23-चाँदपुर	बिजनौर
259.	229-राठ	हमीरपुर
260.	228-हमीरपुर	हमीरपुर
261.	227-महरौनी	ललितपुर
262.	226-ललितपुर	ललितपुर
263.	225-गरौठा	झांसी
264.	224-मऊरानीपुर	झांसी
265.	223-झांसी नगर	झांसी
266.	222-बबीना	झांसी
267.	221-उरई	जालौन
268.	220-कालपी	जालौन
269.	22-बिजनौर	बिजनौर
270.	219-माधौगढ़	जालौन
271.	218-घाटमपुर	कानपुर शहर
272.	217-महराजपुर	कानपुर शहर
273.	216-कानपुर कैन्टोनमेंट	कानपुर शहर
274.	215-किदवई नगर	कानपुर शहर
275.	214-आर्य नगर	कानपुर नगर
276.	213-सीसामऊ	कानपुर शहर
277.	212-गोविन्दनगर	कानपुर शहर
278.	211-कल्याणपुर	कानपुर शहर
279.	210-बिठूर	कानपुर नगर
280.	21-नहटौर	बिजनौर
281.	209-बिल्हौर	कानपुर शहर
282.	208-भोगनीपुर	कानपुर देहात
283.	207-सिकन्दरा	कानपुर देहात
284.	206-अकबरपुर-रनिया	कानपुर देहात
285.	205-रसूलाबाद	कानपुर देहात
286.	204-औरैया	औरैया
287.	203-दिबियापुर	औरैया
288.	202-बिधुना	औरैया
289.	201-भरथना	इटावा
290.	200-इटावा	इटावा
291.	20-धामपुर	बिजनौर
292.	2-नकुड़	सहारनपुर

293.199-जसवन्तनगर   इटावा

294.198-कन्नौज   कन्नौज

295.197-तिर्वा   कन्नौज

296.   छिबरामऊ   कन्नौज

297.   195-भोजपुर   फर्रूखाबाद

298.   194-फर्रूखाबाद   फर्रूखाबाद

299.   193-अमृतपुर   फर्रूखाबाद

300.   192-कायमगंज   फर्रूखाबाद

301.   191-कादीपुर   सुल्तानपुर

302.   190-लम्भुआ   सुल्तानपुर

303.   19-बढ़ापुर   बिजनौर

304.   189-सदर   सुल्तानपुर

305.   188-सुल्तानपुरसुल्तानपुर

306.   इसौली   सुल्तानपुर

307.   186-अमेठी   अमेठी

308.   185-गौरीगंज   अमेठी

309.   184-जगदीशपुर   अमेठी

310.   183-ऊँचाहार   रायबरेली

311.   182-सरेनी   रायबरेली

312.   181-सलोन   रायबरेली

313.   180-रायबरेली   रायबरेली

314.   18-नगीना   बिजनौर

315.   179-हरचंदपुर   रायबरेली

316.   178-तिलोई   अमेठी

317.177-बछरावां   रायबरेली

318. 176-मोहनलालगंज लखनऊ

319.175-लखनऊ कैन्टोनमेंटलखनऊ

320.174-लखनऊ मध्य   लखनऊ

321.173-लखनऊ पूर्व   लखनऊ

322.172-लखनऊ उत्तर   लखनऊ

323.171-लखनऊ पश्चिम लखनऊ

324.170-सरोजनी नगर   लखनऊ

325.17-नजीबाबाद   बिजनौर

326.169-बक्शी का तालाबलखनऊ

327.168-मलिहाबाद   लखनऊ

328.167-पुरवा   उन्नाव

329.166-भगवन्त नगर   उन्नाव

330.165-उन्नाव   उन्नाव

331.164-मोहान   उन्नाव

332.163-सफीपुर	उन्नाव
333.162-बांगरमऊ	उन्नाव
334.161-संडीला	हरदोई
335.160-बालामऊ	हरदोई
336.16-मीरापुर	मुजफ्फर नगर
337.159-बिलग्राम-मल्लांवाहरदोई
338.158-सांडी	हरदोई
339.157-गोपामऊ	हरदोई
340.156-हरदोई	हरदोई
341.155-शाहाबाद	हरदोई
342.154-सवाइजपुर	हरदोई
343.153-मिश्रिख	सीतापुर
344.152-सिधौली	सीतापुर
345.151-महमूदाबाद	सीतापुर
346.150-सेवता	सीतापुर
347.15-खतौली	मुजफ्फर नगर
348.149-बिसवां	सीतापुर
349.148-लहरपुर	सीतापुर
350.147-हरगांव	सीतापुर
351.146-सीतापुर	सीतापुर
352.145-महोली	सीतापुर
353.144-मोहम्मदी	खीरी
354.143-कस्ता	खीरी
355.142-लखीमपुर	खीरी
356.141-धौरहरा	खीरी
357.140-श्रीनगर	खीरी
358.14-मुजफ्फरनगर	मुजफ्फर नगर
359.139-गोलागोकरननाथ	खीरी
360.138-निघासन	खीरी
361.137-पलिया	खीरी
362.136-ददरौल	शाहजहाँपुर
363.135-शाहजहांपुर	शाहजहाँपुर
364.134-पुवायाँ	शाहजहाँपुर
365.133-तिलहर	शाहजहाँपुर
366.132-जलालाबाद	शाहजहाँपुर
367.131-कटरा	शाहजहाँपुर
368.130-बीसलपुर	पीलीभीत
369.13-पुरकाजी	मुजफ्फर नगर
370.129-पूरनपुर	पीलीभीत

371.128-बड़खेरा   पीलीभीत

372.127-पीलीभीत   पीलीभीत

373.126-आंवला   बरेली

374.125-बरेली   कैन्टोनमेंटबरेली

375.124-बरेली   बरेली

376.123-बिथरी चौनपुर   बरेली

377.122-फरीदपुर   बरेली

378.121-नवाबगंज   बरेली

379.120-भोजीपुरा   बरेली

380.12-चरथावल   मुजफ्फर नगर

381.119-मीरगंज   बरेली

382.118-बहेड़ी   बरेली

383.117-दातागंज   बदायूं

384.116-शेखुपुर   बदायूं

385.115-बदायूँ   बदायूं

386.114-बिल्सी   बदायूं

387.113-सहसवान   बदायूं

388.112-बिसौली   बदायूं

389.111-गुन्नौर   सम्भल

390.110-करहल   मैनपुरी

391.11-बुढ़ाना   मुजफ्फर नगर

392.109-किशनी   मैनपुरी

393.108-भोगाँव   मैनपुरी

394.107-मैनपुरी   मैनपुरी

395.106-जलेसर   एटा

396.105-मारहरा   एटा

397.104-एटा   एटा

398.103-अलीगंज   एटा

399.102-पटियाली   कासगंज

400.101-अगाँपुर   कासगंज

401.100-कासगंज   कासगंज

402.10-शामली   शामली

403.1-बेहट   सहारनपुर

इस तरह हम देखते है कि राज्य में विधानसभा की कुल 403 सीटें है। इसके साथ-साथ भारतीय संविधान का अनुच्छेद 332[26] के तहत राज्यों की विधान सभाओं में अनुसूचित जाति और अनुसूचित जनजाति के लिए सीटों का आरक्षण सुनिश्चित किया गया है। यह आरक्षण पूना पैक्ट-1932[27] समझौते के तहत है जो भारतीय संविधान में सम्मिलित किया गया है। अनुच्छेद-332 के तहत राज्य की विधानसभा में जो सीटें आरक्षित की गई है उनकी संख्या-84 है। इन आरक्षित सीटों की सूची देखें-

---

[26]https://indianconstitution.guru/constitution-of-india/part-16/article-332
[27]https://en.wikipedia.org/wiki/Poona_Pact

सारणी संख्या-13

उत्तर प्रदेश 1952 से 2017 के अंतर्गत आरक्षित सीटों की संख्या-

वर्ष	कुल सीटें	आरक्षित सीटें
1952	430	83
1957	430	89
1962	430	89
1967	425	89
1969	425	89
1974	425	89
1977	425	89
1980	425	93
1985	425	93
1989	425	93
1991	425	93
1993	425	93
1996	425	93
2002	403	89
2007	403	89
2012	403	85
2017	403	85

स्रोत : https://upvidhansabha[28]

उपरोक्त सारणी संख्या-13के अनुसार समय-समय पर विधानसभाओं की सीटों में बढ़ोतरी और घटाई गई है उसी के तहत आरक्षित सीटों की संख्या भी प्रभावित हुई है।

उत्तरप्रदेश विधानसभा के पोर्टल के के अनुसार 2017 में विधानसभा की कुल 403 सीटों में से 85 विधानसभा सीटें अनुसूचित जाति के लिए आरक्षित रखी गई है।

---

[28] https://upvidhansabhaproceedings.gov.in/reserved-seat

उत्तरप्रदेश प्रदेश विधानसभा अनुसूचित जाति एवं अनुसूचित जनजाति की आरक्षित सीटें-

क्रमांक संख्या	आरक्षित सीट का नाम	जिले का नाम	सीट नम्बर
1.	रामपुर महारिन	सहारनपुर	6
2.	पुरकाजी	मुजफ्फरनगर	13
3.	नगीना	बिजनोर	18
4.	नहटौर	बिजनोर	21
5.	चंदौसी	संभल	31
6.	मिलक	रामपुर	38
7.	धनौरा	रामपुर	39
8.	हस्तिनापुर	मेरठ	45
9.	हापुड़	हापुड़	59
10.	खुर्जा	बुलंदशहर	70
11.	खैर	अलीगढ़	71
12.	इगलास	अलीगढ़	77
13.	हाथरस	हाथरस	78
14.	बलदेव	मथुरा	85
15.	आगरा कैटोनमेंट	आगरा	87
16.	आगरा ग्रामीण	आगरा	90
17.	टूण्डला	फिरोजाबाद	95
18.	जलेसर	एटा	106
19.	किश्नी	मैनपुरी	109
20.	बिसौली	बंदायू	112
21.	फरीदपुर	बरेली	122
22.	पुरनपुर	पीलीभीत	139
23.	पुवायां शाहजहाँपुर	पुवायां शाहजहाँपुर	134
24.	श्रीनगर	लखीम खीरी	140

स्त्रोत: https://uplegisassembly.gov.in[29]

---

[29]https://uplegisassembly.gov.in/getImageHandler.ashx?ID=18&con=22

विधानसभा की अनुसूचित जाति एवं अनुसूचित जनजाति की आरक्षित सीटों के नाम सूची-2

क्रमांक	आरक्षित सीट का नाम	जिले का नाम	सीट नम्बर
25.	कास्ता	लखीम खीरी	143
26.	हरगांव	सीतापुर	147
27.	सिधौली	सीतापुर	152
28.	मिश्रिख	सीतापुर	153
29.	मोपामऊ	हरदोई	157
30.	सांडी	हरदोई	158
31.	बालामऊ	हरदोई	160
32.	सफ़ीपुर	उन्नाव	163
33.	मोहान	उन्नाव	164
34.	मलिहाबाद	लखनऊ	168
35.	मोहनलाल गंज	लखनऊ	176
36.	बछरावां	रायबरेली	177
37	सलोन	रायबरेली	181
38.	जगदीशपुर	अमेठी	184
39.	कादीपुर	सुलतानपुर	191
40.	कायमगंज	फर्रुखाबाद	192
41.	कन्नौज	कन्नौज	198
42.	भरथना	एटावा	201
43.	औरेया	औरया	204
44.	रसुलाबाद	कानपुर देहात	205
45.	बिल्हौर	कानपुर नगर	209
46.	घाटमपुर	कानुपर नगर	218
47.	उरई	जालौन	221
48.	मऊरानीपुर	झाँसी	224
49.	महरौनी	ललितपुर	227

https://uplegisassembly.gov.in[30]

सारणी संख्या-16

विधानसभा की अनुसूचित जाति एवं अनुसूचित जनजाति की आरक्षित सीटों के नाम सूची-3

क्रमांक	आरक्षित सीट का नाम	जिले का नाम	सीट नम्बर
50.	राठ	हमीरपुर	229
51.	नरैनी	बांदा	234
52.	खागा	फतेहपुर	243
53.	बाबागंज	प्रतापगढ़	245
54.	मंझनपुर	कौशाम्बी	252
55.	बारा	इलाहाबाद	264
56.	सोरावं	इलाहाबाद	265
57.	जैदपुर	बाराबंकी	269
58.	हैदरगढ़	बाराबंकी	272
59.	मल्कीपुर	फैजाबाद	273
60.	आलापुर	अम्बेडकरनगर	279
61.	बलहा	बहराइच	282
62.	बलरामपुर	बलरामपुर	294
63.	मनकापुर	गोंडा	300
64.	कपिलवस्तु	सिद्धार्थनगर	303
65.	महादेवा	बस्ती	211
66.	धनघटा	संत कबीर नगर	314
67.	महाराजगंज	महाराजगंज	318
68.	खजनी	गोरखपुर	325
69.	बांसगांव	गोरखपुर	327
70.	रामकोला	कुशी नगर	335
71.	सलेमपुर	देवरिया	341
72.	लालगंज	आजमगढ़	351
73.	मेहनगर	आजमगढ़	352
74.	मुहम्मदशाह गोहाना	मऊ	355
75.	बेलथरा रोड	बलिया	357
76.	मछलीशहर	जौनपुर	369
77.	केराकत	जौनपुर	372
78.	जखनिया	गाजीपुर	374
79.	सैदपुर	गाजीपुर	374
80.	चकिया	चंदौली	383
81.	अजगरा	वाराणसी	385
82.	औराई	संतरविदासनगर	394
83.	छानबे	मिर्जापुर	395
84.	कोरावं	इलाहाबाद	265

https://uplegisassembly.gov.in[31]

---

[31] https://uplegisassembly.gov.in

उपरोक्त सारणी संख्या-14,15,16के अनुसार समय-समय पर विधानसभाओं की सीटों में बढ़ोतरी और घटाई गई है उसी के तहत आरक्षित सीटों की संख्या भी प्रभावित हुई है। विधानसभा के पोर्टल के आधार पर 2017 में कुल 403 सीटों में से 50 सीटें अनुसूचित जनजाति के लिए आरक्षित रखी गई है।

सारणी संख्या-17

उत्तर प्रदेश की 18वीं विधानसभा में राजनीति दलों की उपस्थिति:-

क्रमांक	राजनीतिक दल का नाम	विधानसभा में सदस्य संख्या
1.	भारतीय जनता पार्टी	255(41.29 वोट शेयर)
2.	समाजवादी पार्टी	109 (32.11 वोट शेयर)
3.	अपना दल (सोनेलाल)	13 (1.62 वोट शेयर)
4.	राष्ट्रीय लोकदल	9 (2.95 वोट शेयर)
5.	निर्बल इण्डिया शोषित हमारा अपना दल	6 (0.28 वोट शेयर)
6.	सुहेलदेव भारतीय समाज पार्टी	6 (1.36 वोट शेयर)
7.	भारतीय राष्ट्रीय कांग्रेस	2 (2.33 वोट शेयर)
8.	जनता दल लोकतांत्रिक	2 (0.21 वोट शेयर)
9.	बहुजन समाज पार्टी	1(0.21 वोट शेयर)

स्रोत: https://en.wikipedia.org/wiki/18th_Uttar_Pradesh_Assembly[32]

उपरोक्त सारणी संख्या- 17 के अनुसार उत्तर प्रदेश की 18वीं विधानसभा के अनुसार विभिन्न दलों की स्थिति जिनमें भारतीय जनता पार्टी-255 सीटें, समाजवादी पार्टी-109 सीटें,अपना दल (सोनेलाल)-13 सीटें, राष्ट्रीय लोकदल-9 सीटें,निर्बल इण्डिया शोषित हमारा अपना दल-6सीटें, सुहेलदेव भारतीय समाज पार्टी-6सीटें, भारतीय राष्ट्रीय कांग्रेस-2सीटें, जनता दल लोकतांत्रिक-2 सीटें एवं बहुजन समाज पार्टी-1 सीटें सम्मिलित है। चुनाव आयोग उत्तर प्रदेश के अनुसार राजनीति दलों का वोट प्रतिशत शेयर इस प्रकार से कमशः (41.29 वोट शेयर), (32.11 वोट शेयर), (1.62 वोट शेयर), (2.95 वोट शेयर), (0.28 वोट शेयर), (1.36 वोट शेयर),(2.33 वोट शेयर), (0.21 वोट शेयर),(0.21 वोट शेयर) सम्मिलित है।

सारणी संख्या-18

उत्तर प्रदेश में मुख्यमंत्रियों का दलानुसार प्रतिनिधित्व एवं राष्ट्रपति शासन-

क्रमांक	राजनीतिक दल का नाम	विधानसभा में प्रतिशत
1.	भारतीय राष्ट्रीय कांग्रेस	45.23 प्रतिशत
2.	भारतीय क्रांति दल	2.07 प्रतिशत
3.	भारतीय राष्ट्रीय कांग्रेस (ओ)	0.62 प्रतिशत
4.	जनता पार्टी	3.61 प्रतिशत
5.	जनता दल	0.42 प्रतिशत

---

[32]https://en.wikipedia.org/wiki/18th_Uttar_Pradesh_Assembly

6.	समाजवादी पार्टी	13.92 प्रतिशत
7.	बहुजन समाज पार्टी	9.61 प्रतिशत
8.	भारतीय जनता पार्टी	18.22 प्रतिशत
9.	राष्ट्रपति शासन	6.3 प्रतिशत

स्रोतः https://en.wikipedia.org/wiki/List_of_chief_ministers_of_Uttar_Pradesh[33]

उपरोक्त सारणी संख्या-18 के अनुसार उत्तर प्रदेश में 18वीं विधानसभा तक विभिन्न राजनीति दलों के मुख्यमंत्रियों का प्रतिनिधित्त्व इस प्रकार से है जिनमें-भारतीय राष्ट्रीय कांग्रेस-45.23 प्रतिशत,भारतीय क्रांति दल-2.07 प्रतिशत,भारतीय राष्ट्रीय कांग्रेस (ओ)-0.62 प्रतिशत,जनता पार्टी-3.61 जनता दल-0.42 प्रतिशत,समाजवादी पार्टी-13.92 प्रतिशत,बहुजन समाज पार्टी-9.61 प्रतिशत,भारतीय जनता पार्टी-18.22 प्रतिशत एवं राष्ट्रपति शासन-6.3 प्रतिशत रहा है।

राज्य पिछड़ा वर्ग आयोग एवं जातियां

भारत के संविधान में समाज के पिछड़े वर्गों के लिए विशेष सुविधायें एवं आरक्षण प्रदान किये गये है, ताकि इन जातियों ८ वर्गों का बहुमुखी विकास एवं जीवन स्तर अन्य वर्गों के समान हो सके। इस सम्बन्ध में भारत सरकार द्वारा गठित वी.पी. मण्डल आयोग की संस्तुतियों के सन्दर्भ में मा0 उच्चतम न्यायालय की नौ सदस्यीय विशेष संविधान पीठ ने इन्दिरा साहनी बनाम भारतीय संघ वाद में अपने ऐतिहासिक फैसले 1992 में परमादेश जारी किया कि अन्य पिछड़े वर्गों में जातियों को सम्मिलित ८ निष्कासित करने के सम्बन्ध में प्रत्येक राज्य सरकार एवं केन्द्र सरकार द्वारा ऐसे ट्रिब्यूनल या आयोग गठित किये जायेंगे जो सरकार को अपनी संस्तुति करेंगे, जिन्हें सरकार सामान्यत मानने के लिए बाध्य होगी।[34]

राज्याधीन आदि सेवाओं में अन्य पिछड़े वर्गों को अनुमन्य आरक्षण हेतु पिछड़े वर्गों की सूची में अपेक्षित समावेश करने एवं तत्सम्बन्धी शिकायतों पर सम्यक रूप से विचार कर संस्तुति देने हेतु महामहिम श्री राज्यपाल उ0प्र0 द्वारा एक स्थायी आयोग के गठन व स्थापना की सहर्ष स्वीकृति शासनादेश सं0- 22८16८92 कार्मिक -2 दिनांक 09 मार्च 1993 द्वारा प्रदान की गयी। इसे राज्य पिछड़ा वर्ग आयोग, उत्तरप्रदेश नाम दिया गया। आयोग में मा0 अध्यक्ष एवं माननीय सदस्यों के सितम्बर 1993 में कार्यभार ग्रहण करने के साथ में अस्तित्व में आया।उतरप्रदेश असाधारण गजट 31 अगस्त 2002 अनुसूची -एक धारा 2 (ख) के अनुसार अन्य पिछड़े वर्गों[35] के नाम इस प्रकार से है-

1. अहीर, यादव, ग्वाला, यदुवंशीय

2. सोनार, सुनार, स्वर्णकार

3. जाट

4. कुर्मी, पटेल, पटनवार, कुर्मी- मल्ल, लोधी, लोट, लोधी राजपूत

5. लोध, लोधा, लोधी, लोट, लोधी राजपूत

6. गिरी,

7. गुज्जर

8. गोसाई

9. कम्बोज

10. अरख, अर्कवंशीय

11. काछी, काछी-कुश्वाहा, शाक्य

12. कहार, कश्यप

13. केवट, मल्लाह, निघाद

---

[33] https://en.wikipedia.org/wiki/List_of_chief_ministers_of_Uttar_Pradesh
[34] https://upsbcc.in/en
[35] https://upsbcc.in/en

14. किसान

15. कोइरी

16. कुम्हार, प्रजापति

17. कसगर

18. कुजड़ा, या राईन

19. गड़ेरिया, पाल, बघेल

20. गद्दी, घोसी

21. चिकवा, कस्साब, कुरेशी, चक

22. छीपी-छीपा

23. जेगी

24. झोजा

25. डफाली

26. तमौमी, बरई, चौरसिया

27. तेली, सामानी, रोगनगर, साहू, रौनियार, गन्धी, अर्राक

28. दर्जी, इदरीसी, काकुत्स्थ

29. धीवर

30. नक्काल

31. नट – जो अनुसूचित जातियों में सम्मिलित न हो।

32. नायक

33. फकीर

34. वंजारा, रंकी, मुकेरी, मुकेरानी

35. बढ़ई, सैफी, विश्वकर्मा, पांचाल, रमगढ़िया, जागिड़, धीमान

36. बारी

37. बैरागी

38. बिन्द

39. बियार

40. भर, राजभर

41. भुर्जी, भड़भुजा, भूंज, कांदू, कशोधन

42. भठियारा

43. माली, सैनी

44. स्वीपर –(जो अनुसूचित जातियों की श्रेणी में सम्मिलित न हो,) हलालखोर

45. लोहार, लोहार-सैफी

46. लोनिया, नोनिया, गोले- ठाकुर, लोनिया-चौहान

47. रंगरज, रंगवा

48. मारछा

49. हलवाई, मोदनवाल

50. राय सिक्ख

51. हज्जाम, नाई, सलमानी, सविता, श्रीवासं

52. धोबी –(जोअनुसूचित जातियों या अनुसूचित जनजातियों की श्रेणी में सम्मिलित न हो।)

53. कसेरा, ठठेरा, ताम्रकोर

54. नानबाई

55. मीरकिशार

56. शेख सरवारी , पीराही

57. मेव, मेवाती

58. कोष्टा कोष्टी

59. रोड्

60. खुमरा, संततराश हंसीरी

61. मोची

62. खागी

63. तंवर सिंघाड़िया

64. कतुआ

65. महीगीर

66. दांगी

67. धाकड़

68. गाडा

69. तंतवा

70. जोरिया

71. पटवा, पटहारा, पढ़ेहरा, देववंशी

72. कलाल, कलवार, कलार,

73. मनिहार, कचेर, लखेरा

74. मुराव, मुराई, मौर्य

75. मोमिन (अंसार)

76. मुस्लिम कायस्थ

77. मिरासी

78. नददाफ (धुनिया) मन्सूरी, कन्डेरे, कडेरे, करण (कर्ण)

इस प्रकार हम देखते है कि राज्य में अन्य पिछड़ा वर्ग की 78 जातियां सम्मिलित है। इन जातियों में कुछ उपजातियां भी सम्मिलित है जिन्हें एक से अधिक नामों से जाना जाता है। इसी प्रकार राज्य में जनगणना 2011 के अनुसार अनुसूचित जातियों के नाम इस प्रकार[36] है। राज्य में अनुसूचित जातियों के नाम के साथ उनकी संख्या एवं जाति के प्रतिशत के साथ सलंग्न है। यह सूची विकीपिडिया से अधिकृत है साथ ही उत्तरप्रदेश समाज कल्याण विभाग से संबंधित भी है।

सारणी संख्या-19

राज्य में अनुसूचित जातियों के नाम

क्रमांक संख्या	जाति का नाम	जाति की संख्या	प्रतिशत
1.	एगेरिया	8,340	0.4
2.	बधिक	9,018	0.01
3.	बादी	11,721	0.03

---

[36]https://en.wikipedia.org/wiki/List_of_Scheduled_Castes_in_Uttar_Pradesh

4.	बहेलिया	143,442	0.6
5.	बैगा(सोनभद्र जिले को छोड़कर)	26,476	0.08
6.	बैसवार	30,000	0.09
7.	बजनिया	1,769	0.005
8.	बाजगी	640	0.002
9.	बलाहार	7,910	0.02
10.	बलाई	1,014	0.002
11.	बाल्मीकि	11,66,383	3.5
12.	बंगाली	18,660	0.05
13.	बंसफोर	57,025	0.2
14.	बरवार	13,326	0.04
15.	बसोर	137,013	0.4
16.	बावरिया	6,054	0.02
17.	बेलदार	158,727	0.5
18.	बेरिया	27,187	0.08
19.	भंटू	8,184	0.02
20.	भुइया	18,055	0.05
21.	भुइयार	24,982	0.07
22.	चमार, जाटव, अहिरवार, कुरील, धुसिया, रामदासिया, रविदासिया, जैसवार, सतनामी	22,496,047	54.3
23.	चेरो (सोनभद्र और वाराणसी जिलों को छोड़कर)	32,405	0.1
24.	दबगर	3,638	0.01
25.	धनगर	43,803	0.01
26.	धानका	542,651	1.5
27.	धारकर	94,610	0.3
28.	धोबी, कनौजिया, दिवाकर, बरेठा	2,684,212	16.01
29.	डोम	110,353	0.3
30.	डोमर	24,581	0.07
31.	दुसाध	237,181	0.7
32.	घरामी	184	0.0005
33.	घासिया	3,984	0.011
34.	गुआल	7,330	0.02
35.	हजुरा	4,863	0.014
36.	हरि	1,719	0.005
37.	हेला	40,678	0.12
38.	कालाबाज	8,727	0.025
40.	कंजर	93,207	0.3
41.	कपरिया	14,300	0.04
42.	खरवार	7,183	0.020
43.	खैराहा	3,047	0.008
44.	खरवार	119,248	0.3

45.	खटीक	164,765	1.2
46.	खोरोट	700	0.002
47.	कोल	331,374	4.5
48.	कोरी	22,93,937	12.07
49.	कोरवा	1,594	0.005
50.	लालबेगी	299	0.0009
51.	मझवार	18,268	0.05
52.	मजहबी	3,664	0.01
53.	मुसहर	206,594	0.6
54.	नेट	158,379	0.5
55.	पंखा (मिर्जापुर और सोनभद्र को छोड़कर)	20,354	0.06
56.	परहिया (सोनभद्र को छोड़कर)	1,816	0.005
57.	पासी, रावत, राजपासी, बौरासी, कैथवास, पासवान, ताड़माली (जाति)	5,597,002	16.0
58.	पतारी (सोनभद्र को छोड़कर)	1,716	0.005
59.	ललितपुर को छोड़कर सहरिया	60,238	0.2
60.	सनौरहिया	1,066	0.003
61.	सांसिया	8,639	0.02
62.	शिल्पकार	24,757	0.07
63.	तुरैहिया	28,055	0.08

स्त्रोत: https://en.wikipedia.org/wiki/List_of_Scheduled_Castes_in_Uttar_Pradesh[37]

उपरोक्त सारणी संख्या-19के अनुसार उत्तरप्रदेश राज्य में अनुसूचित जातियों की संख्या-63 है।

सारणी संख्या-20

राज्य में सामान्य जातियों के नाम-

क्रमांक संख्या	जातियों के नाम
1.	ठाकुर
2.	कायस्थ
3.	बरनवाल
4.	राजपूत
5.	ब्राम्हण
6.	भूमिहार
7.	क्षत्रिय
8.	खंगार
9.	खान/पठान

स्त्रोत : http://samajkalyan.up.gov.in[38]

---

[37] https://en.wikipedia.org/wiki/List_of_Scheduled_Castes_in_Uttar_Pradesh

उपरोक्त सारणी संख्या-20के अनुसार राज्य में सामान्य जातियों की कुल संख्या-9 है। इन जातियों में मुख्य रूप ठाकुर, कायस्थ, बरनाल, राजपूत, ब्राम्हण, राजपूत, भूमिहार, क्षत्रिय, खंगार एवं पठान सम्मिलित है।

उत्तरप्रदेश में अन्य पिछड़ा वर्ग, अनुसूचित जाति वर्ग, सामान्य वर्ग के साथ अनुसूचित जनजातियां भी निवास करती है।

सारणी संख्या-21

अनुसूचित जनजातियो के नाम

क्रमांक संख्या	जातियों के नाम
1.	जौनसारी
2.	थारी
3.	बोक्सा
4.	भोतिया
5.	राजी

स्त्रोत : http://samajkalyan.up.gov.in[39]

उपरोक्त सारणी संख्या-21 के अनुसार राज्य में अनुसूचित जातियों की कुल संख्या-5 है।इन जातियों में मुख्य रूप से जौनसारी, थारी, बोक्सा, भोतिया, और राजी सम्मिलित हैं।

प्रथम अध्याय के माध्यम से एक पत्रकारिता के विद्यार्थी के साथ अन्य कोई व्यक्ति अपने राज्य के प्रशासनिक, न्यायिक, विधायिक, राजनीतिक, धार्मिक एवं सामाजिक ढांचे की सूचना प्राप्त कर सकता है और उस प्राप्त सूचना के माध्यम से अपने और राज्य के सर्वांगीण विकास में योगदान दे सकता है।

निष्कर्ष- प्रस्तुत अध्याय के अनुसार कुछ महत्त्वपूर्ण बिंदु सामने निकलकर आये है, जिन्हें निष्कर्ष के रूप में रेखाकिंत किया जाना आवश्यक है जो इस प्रकार से हैं-

1. उत्तरप्रदेश की स्थापना 24 जनवारी 1950 से वर्तमान तक22 मान्य मुख्यमंत्री चुने गये है जिनमें सामान्य वर्ग, अन्य पिछड़ा वर्ग एवं अनुसूचित जाति से सम्मिलित है।

2. उत्तरप्रदेशमें राष्ट्रीय कांग्रेस पार्टी की 8 बार, भारतीय क्रांति दल की 2 बार, जनता पार्टी की 1 बार, जनता दल की 1 बार, समाजवादी जनता पार्टी की 3 बार, बहुजन समाज पार्टी की 4 बार, समाजवादी पार्टी की 3 बार,भारतीय जनता पार्टी की 5 बार सरकारें रही है। इन राजनीतिक दलों की सरकारों ने अपने-अपने कार्यकाल में राज्य को विकसित करने में बखूबी योगदान दिया है।

3. उत्तरप्रदेश में 18 बार पुरूष और 4 बार महिला मुख्यमंत्री बनी हैं जबकि बहुजन समाज पार्टी के अतिरिक्त किसी अन्य दलों ने महिला मुख्यमंत्री नहीं बनाई है। बहुजन समाज पार्टी की तरफ से मायावती को 3 जून 1995-18 अक्टूबर 1995 (187 दिन), 21 मार्च 1997-21 सितंबर 1997 (184 दिन), 3 मई 2002-29 मार्च 2003 (1 साल 118 दिन), 13 मई 2007- 15 मार्च 2012 (4 साल 307 दिन) 2007-2012 की अवधि में ही पूर्ण पांच साल सरकार चलाई जबकि अन्य तीन बार कम अवधि में ही सरकार चलाई है।

---

[38] http://samajkalyan.up.gov.in/hi, https://www.mcpanchkula.org/wp-content/uploads/2023/02/Uttar-Pradesh-All-Caste-List-Download-in-One-PDF.pdf

[39] https://edistrict.up.gov.in/edistrictup

4. उत्तरप्रदेश में अन्य पिछड़ा वर्ग की कुल 78 जातियां, अनुसूचित जाति की 63 जातियां, अनुसूचित जनजाति की 5 जातियां और सामान्य वर्ग की 9 जातियां निवास करती है।

5. उत्तरप्रदेश में मूलत: रूप से हिंदू, मुस्लिम, सिख, बौद्ध, इसाई, जैन धर्मो को मानने वाले लोग निवास करते हैं।

6. राज्य की स्थापना से लेकर वर्तमान समय तक विभिन्न राजनीतिक दलों को जो प्रतिशत रहा है, उनमें भारतीय राष्ट्रीय कांग्रेस45.23 प्रतिशत, भारतीय क्रांति दल2.07 प्रतिशत, भारतीय राष्ट्रीय कांग्रेस (ओ)0.62 प्रतिशत, जनता पार्टी3.61 प्रतिशत, जनता दल0.42 प्रतिशत, समाजवादी पार्टी 13.92 प्रतिशत, बहुजन समाज पार्टी 9.61 प्रतिशत, भारतीय जनता पार्टी 18.22 प्रतिशत रहा है। वही राज्य में राष्ट्रपति शासन 6.3 प्रतिशत रहा है।

7. उत्तरप्रदेश में विधानसभा 2022 के आधार पर जो राजनीति पार्टियों सक्रिय (चुनी गई सीटों के आधार पर) रूप से चुनाव लड़ रही है उनमें भारतीय जनता पार्टी,समाजवादी पार्टी,अपना दल (सोनेलाल),राष्ट्रीय लोकदल,निर्बल इण्डिया शोषित हमारा अपना दल,भारतीय राष्ट्रीय कांग्रेस,जनता दल लोकतांत्रिक,बहुजन समाज पार्टी सम्मिलित है।

8. उत्तरप्रदेश में अन्य राजनीति दल है जिनमें जन अधिकार पार्टी, भारतीय मुक्ति मोर्चा, जनता क्रांति पार्टी, भारतीय वंचित समाज पार्टी, पीस पार्टी ऑफ इंडिया, राष्ट्रीय उलमा पार्टी, शिव सेना, आम आदमी पार्टी, जनता दल लोकतांत्रिक, विकाशील इसान पार्टी, लोक जनशक्ति पार्टी (रामविलास) आजाद समाज पार्टी (कांशीराम) सम्मिलित है।

9. उत्तरप्रदेश की राजनीति राजधानी लखनऊ है जबकि न्यायिक राजधानी इलाहाबाद है।

उत्तरप्रदेश भारत के 28 राज्यों[40] में जनसंख्या के हिसाब से सबसे अधिक जनसंख्या वाला राज्य है। भारत के सबसे अधिक जनसंख्या वाले राज्य उत्तरप्रदेशमें हिंदी, भोजपूरी, उर्दू, अवधि, बुंदेली, बघेली, कन्नौजी, पंजाबी, बंगाली भाषाओं के अतिरिक्त बहुत सी बोलियों बोली जाती है।[41]उत्तरप्रदेश राज्य के लोग इन भाषाओं एवं बोलियों के माध्यम से एक-दूसरे से परस्पर संचार एवं जनसंचार करते हुए राज्य एवं राष्ट्र को विकसित करने में अपना महत्त्वपूर्ण भूमिका का निर्वाहन करते है। उत्तरप्रदेश राज्य के विकास के लिए प्रिंट और इलेक्ट्रानिक मीडिया और वर्तमान में पॉवरफूल सोशल मीडिया अपने स्तर पर अपनी महत्वपूर्ण भूमिका निभा रहे है। प्रस्तुत अध्याय में उत्तरप्रदेश राज्य के क्षेत्रिय प्रिंट मीडिया और यहां प्रकाशित मुख्यधारा के प्रिंट मीडिया के सामग्री को विशेष रूप से संग्रहित करने का प्रयास किया गया है। इसके अंतर्गत उत्तरप्रदेश राज्य के 18 मंडलों में विभाजित 75 जिलों[42] के क्षेत्रीय प्रिंट मीडिया के साथ मुख्य धारा का पंजीकृत प्रिंट मीडिया की सर्कुलेशन क्षमता को भी सम्मिलित किया गया है। उत्तरप्रदेश में क्षेत्रीय प्रिंट मीडिया की सामग्री को उत्तरप्रदेश शासन के अंतर्गत कार्यरत सूचना जनसम्पर्क विभाग से सूचना के अधिकार अधिनियम-2005 के तहत संग्रहित किया गया है इसलिए जोकि संग्रहित सामग्री है उसे उसी रूप में प्रस्तुत करने का प्रयास है जिससे पाठक को इस संबंध में उचित और स्पष्ट जानकारी मिल सके।

2.1क्षेत्रीय प्रिंट मीडिया

क्षेत्रीय प्रिंट मीडिया की उपयोगिता पूर्व की भांति वर्तमान दौर में भी महत्त्वपूर्ण उपयोगिता है।प्रत्येक राज्य से क्षेत्रीयप्रिंट मीडिया का प्रकाशन पूर्व की तरह ही वर्तमान में हो रहा है। वर्तमान समय में पूर्व में प्रकाशित स्थानीय समाचार-पत्रों एवं पत्रिकाओं का प्रकाशन समय के साथ बंद हो गया है जबकि उनके स्थान पर नये समाचार-पत्रों एवं पत्रिकाओं ने ले लिया है। भारत की आजादी में विभिन्न भाषाओं के समाचार-पत्रों एवं पत्रिकाओं ने अपने-अपने स्तर पर लोगों को देशभक्ति की भावना से ओतप्रोत किया था। इन समाचार-पत्रों एवं पत्रिकाओं में अजीमुल्ला खा का 'प्यामे आजादी' (1857)[43], जिन्होंने अपने अखबार में लिखा था कि-

खींचों न कमानों को ना तलवार निकालो

जब तोप मुकाबिल हो तो अखबार निकालो।

हिंदी का प्रथम समाचार पत्र निकालने वाले युगकिशोर का उदंत मार्त्तड (1826)[44] मौलाना अब्दुल कलाम आजाद के अल-मिशबा (1900), अल-हिलाल (1912), अल-बाग (1914)[45] मोहनदास कर्मचंद्र गांधी के यंग इंडिया (1919), नवजीवन (1921), हरिजन (1923), हरिजन सेवक (1933)[46]डॉ. भीमराव आंबेडकर द्वारा प्रकाशित मूकनायक (1920), बहिष्कृत भारत (1927), जनता (1930)[47],इत्यादि ने अपने-अपने समय में लोगों जागरूक एवं विकसित करने में अपनी अहम भूमिका निभाई है। पाठक जानते है कि किसी भी समय में किसी एक मीडिया माध्यम से सभी लोगों तक पहुंचना संभव नहीं है, इसलिए प्रत्येक प्रकार के मीडिया माध्यमों की आवश्यकता पूर्व में भी थी और वर्तमान में भी है। वर्तमान समय में भारत जैसे असंख्य विभिन्नताओं वाले देश में क्षेत्रीय प्रिंट मीडिया की उपयोगिता महत्त्वपूर्ण भूमिका में है क्योंकि जो पहुंच मुख्यधारा के मीडिया की नहीं होती है वह पहुंच क्षेत्रीयप्रिंट मीडिया की है।

---

[40]https://www.india.gov.in

[41] https://en.wikipedia.org/ wiki/Languages_of_Uttar_Pradesh

[42]https://www.up.gov.in

[43] byjus.com/free-ias-prep/important-newspapers-during-indian-freedom-struggle

[44]byjus.com/free-ias-prep/important-newspapers-during-indian-freedom-struggle

[45] https://en.wikipedia.org/ wiki/Maulana_Azad

[46] https://hi.wikipedia.org/ wiki/महात्मा_गांधी

[47] https://www.mea gov.in/ambedkar.htm

भारत में प्रिंट मीडिया के जनसम्पर्क संचार को समझने के लिए हमें भारत सरकार के अधिस्थ सूचना प्रसारण मंत्रालय के अंतर्गत कार्यरत विभाग रजिस्ट्रार न्यूजपेपर्स ऑफ इंडिया के विस्तृत आंकड़ों पर एक नजर अवश्य ही डालनी चाहिए। रजिस्ट्रार न्यूजपेपर्स ऑफ इंडिया ही भारत की समस्त भाषाओं में प्रकाशित होने वाले समाचार-पत्रों एवं पत्रिकाओं का आंकड़ा रखता है और नये समाचार-पत्रों एवं पत्रिकाओं को पंजीकृत करता है। सूचना प्रसारण मंत्रालय इस संबंध में अपनी वार्षिक रिपोर्ट प्रकाशित करता है। इस संबंधित जानकारी इस प्रकार से है-

सारणी संख्या-22

पंजीकृत समाचार-पत्र एवं पत्रिकाएं-

सूचना एवं प्रसारण मंत्रालय की वार्षिक रिपोर्ट	समाचार-पत्र,पत्रिकाएं अन्य पंजीकृत	कुल आवेदन	आवेदन स्वीकृति
2020–2021	1,46,476	10,590	5,514
2021–2022	1,44,520	7,519	3,809

उपरोक्त सारणी संख्या-22के अनुसार सूचना एवं प्रसारण मंत्रालय विभाग की वार्षिक रिपोर्ट 2020-2021 के तहत रजिस्ट्रार न्यूजपेपर्स ऑफ इंडिया में 1,46,476 पंजीकृत समाचार-पत्र और पत्रिकाएं पंजीकृत है।[48] अक्टूबर 2020 में 10,590 आवेदनों में 5,514 आवेदनों के नामों पर स्वीकृति प्रदान की गई। 1 अप्रैल 2020 से 31 मार्च 2021 तक 34 विभिन्न शीर्षकों को पुन: स्वीकृती प्रदान की गई। वार्षिक रिपोर्ट 2021-2022 के तहत रजिस्ट्रार न्यूजपेपर्सऑफ इंडिया के अधिनस्थविभिन्न प्रकार के 1,44,520 समाचार-पत्र, पत्रिकाएं पंजीकृत है। इसके अंतर्गत 20,512 दैनिक 1,24,008 एवं सांध्य, पाक्षिक, मासिक, अर्धवार्षिक, वार्षिक समाचार-पत्र, पत्रिकाएं सम्मिलित है।[49]

वर्ष 2021-2022 के दौरान, लगभग 10,038 दैनिक प्रकाशनों ने अपना वार्षिक प्रस्तुत किया। भारतीय संविधान की आठवीं अनुसूची के अंतर्गतसूचीबद्ध भाषाओं में इनका प्रकाशन हुआ। दैनिक समाचार पत्रों में हिंदी ने 424 दैनिकों शीर्ष स्थान है, वही 200 से अधिक दैनिक समाचार पत्रों वाली भाषाएँ हैं- उर्दू (1,107), तेलुगु (1,065) अंग्रेजी (825),मराठी (697), कन्नड़ (651), गुजराती (401) सम्मिलित है।[50]

पत्रिकाओं का प्रसार-प्रसार

भारत में विभिन्न पत्रिकाओंके प्रकाशनों की संख्या 23,889 है।2021-2022 वार्षिक विवरण के अनुसार इनमें 11,616 साप्ताहिक, 7,799 मासिक, 3,133 पाक्षिक, 766 त्रैमासिक,122 वार्षिक 453 पत्रिकाएँ द्विमासिक, अर्धवार्षिक इत्यादिके रूप में वर्गीकृत किया गया है। साप्ताहिक और मासिक पत्रिकाओं की कुल संख्या 19,415 है, कुल पत्रिकाओं का लगभग 57.23 प्रतिशत है।[51]

भाषा विश्लेषण

भारतीय संविधान की आठवीं अनुसूची में सूचीबद्ध अन्य प्रमुख भाषाओं के अधिकतर 22 अन्य भाषाओं या बोलियों में भी प्रकाशित हुए जिसमें कुछ विदेशी भाषाएँ जो संपूर्ण आंकड़े के तौर पर51 भाषाओं एवं बोलियों में किया गया है। अन्य भाषाएँ

---

[48]सूचना एवं प्रसारण मंत्रालय, वार्षिक रिपोर्ट 2020-2021
[49]सूचना एवं प्रसारण मंत्रालय, वार्षिक रिपोर्ट 2021-2022
[50] https://rni.nic.in
[51] https://rni.nic.in

जिनमें प्रकाशन प्रकाशित हुए हैं उनमें नागा,अरबी, भोजपुरी, छत्तीसगढ़ी, सिंधी देवनागरी, गारो, गढ़वाली, हल्बी, कार्बी, खासी, खोरठा, खरिया,कोकबोरोक, मीतेइलोन, मिजो लुशाई, नागा, नागपुरी, राजस्थानी, संथाली, टेनीडी और तुलु सम्मिलित है।[52]

राज्यवार विश्लेषण

उत्तर प्रदेश में 6,051 प्रकाशनों ने 2021-2022 में अपने आनलाइन वार्षिक विवरण दाखिल किए है।उत्तर प्रदेश राज्य प्रथम वही जबकि मध्य प्रदेश (5,620) दूसरे स्थान पर, वहीतीसरे स्थान पर महाराष्ट्र (4,278), रहा है। इसके अतिरिक्त क्रमशः राज्य जिनमें मुख्यतः गुजरात (2,269), दिल्ली (2,206), आंध्र प्रदेश (1,985), उत्तराखंड (1,899), राजस्थान (1,704), कर्नाटक (1,508) और तमिलनाडु (1,157) सम्मिलित रहे है। अन्य राज्य एवं केंद्र शासित प्रदेश जहां से अधिक हैं300 प्रकाशनों ने अपने ऑनलाइन वार्षिक विवरण दाखिल किए उनमें-तेलंगाना (861), पश्चिम बंगाल (674), छत्तीसगढ़ (574), ओडिशा (543), केरल (456) सम्मिलित रहे है।[53]

दैनिक समाचार पत्रों की श्रेणी में भी उत्तर प्रदेश ने 2,197 दैनिक के साथ अपनी बढ़त बनाये रखीवहीमध्य प्रदेश (1,250), महाराष्ट्र (955), आंध्र प्रदेश (934), कर्नाटक(722), दिल्ली (568), गुजरात (507), तेलंगाना (429) और राजस्थान (432) सम्मिलित रहे है।[54]

इस अवधि में प्रकाशित होने वाली लगभग 57.23 प्रतिशत पत्रिकाएँ साप्ताहिक और मासिक थीं।23,889 पत्रिकाओं (दैनिक समाचार पत्रों को छोड़कर) में से लगभग 48.61 प्रतिशत केवल साप्ताहिक है। उत्तर प्रदेश से 2,730 साप्ताहिक समाचार प्रकाशित हुए जबकि महाराष्ट्र (2,368), मध्यप्रदेश (1,622), उत्तराखंड (1,277), गुजरात (1,128), दिल्ली (492), राजस्थान (353) और कर्नाटक(186) सम्मिलित हैं।[55]

दिल्ली,महाराष्ट्र, उत्तराखंड ने 18 भाषाओं में प्रकाशन सम्मिलित है।तमिलनाडु में 17 भाषाओं में, 15 कर्नाटका में भाषाओं में, गुजरात 14, केरल 13,पश्चिम बंगाल 12 भाषाएँ,वही पंजाबएक ही भाषा में सर्वाधिक संख्या में प्रकाशन निकालने का गौरव है। इसके अतिरिक्त मध्य में हिंदी में 5,258,उत्तर प्रदेश 500, उत्तराखंड (4,860),राजस्थान (1,722),दिल्ली (1,541),और महाराष्ट्र (575)सम्मिलित है।[56]

इस अवधि में एक ही भाषा में 200 से अधिक प्रकाशन वाले राज्य जिनमें मुख्यतः दिल्ली (हिन्दी 1,159),(अंग्रेजी 532), आंध्र प्रदेश (तेलुगु 1,663), गुजरात (गुजराती 1,937), महाराष्ट्र(मराठी 2,754), (हिन्दी 575) और अंग्रेजी (368), उत्तर प्रदेश (हिन्दी 4,860) और उर्दू (757),पश्चिम बंगाल (बंगाली 472),तमिलनाडु (तमिल 804),ओडिशा (उड़िया 430), केरल(मलयालम 327), कर्नाटक (कन्नड़ 1,275), छत्तीसगढ़ (हिन्दी 524), हरियाणा (हिन्दी)316), मध्य प्रदेश (हिन्दी 5,258), तेलंगाना (तमिल 558) (तेलुगु 148), उत्तराखंड(हिन्दी 1,722), राजस्थान (हिन्दी 1,541)सम्मिलित है।[57]

एकाग्रता

प्रिंट मीडिया कुछ महत्त्वपूर्ण शहरों और कस्बों में ध्यान केंद्रित करता है, जिनमें मुख्यतः-महानगर (दिल्ली, कोलकाता, मुंबई, चेन्नई, बेंगलुरु, हैदराबाद,अहमदाबाद, पुणे, जयपुर, सूरत, नागपुर, विशाखापत्तनम और अमरावतीराज्यों की राजधानियाँकेंद्र शासित प्रदेशबड़े शहर, (1,00,000 से अधिक आबादी वाले) छोटे शहर (जिनकी आबादी 1,00,000 से कम हो)सम्मिलित है।[58]

भाषाओं के आधार पर विश्लेषण

---

[52]https://rni.nic.in

[53] https://rni.nic.in

[54] https://rni.nic.in

[55] https://rni.nic.in

[56] https://rni.nic.in

[57] https://rni.nic.in

[58] https://rni.nic.in

2021-2022 में प्रकाशनों के भाषा-वार विश्लेषण मेंकुल 25,813 हिंदी में प्रकाशनप्राप्त हुए है। बड़े शहरों में13,050 वहीं8,803 राज्य की राजधानियों सेहै।महानगरों में विभिन्न भाषाओं में हिंदी (2,295), अंग्रेजी(1,243) मराठी (686) गुजराती (674), तमिल (555) तेलुगु (374), और उर्दू (381), 13 महानगर642 द्विभाषी और 77 बहुभाषी प्रकाशन सम्मिलित है।[59]

संख्यात्मक विश्लेषण

2021-22 के दौरान 13 महानगरों से प्रकाशित प्रकाशनों की कुल संख्या 7,277 है। यह कुल प्रकाशन का 14.38 प्रतिशत है। बड़े शहरों मेंकुल 25,061 प्रकाशन प्रकाशित हुए, जो कुल का 49.93 प्रतिशत है।राज्य की राजधानियों से 3,702। विभिन्न राज्यों के बड़े शहरों में 7,220 दैनिक समाचार पत्र और संघ केंद्रीय राज्यों से 896 दैनिक समाचार पत्र निकाले।[60]

समाचार-पत्रों के प्रकार

वर्तमान में विभिन्न भाषाओं में प्रकाशित समाचार-पत्रों का वर्गीकरण इस प्रकार से किया जा सकता है-

1. सांध्य दैनिक
2. दैनिक समाचार-पत्र
3. द्वि दैनिक समाचार-पत्र
4. त्रि दैनिक समाचार-पत्र
5. अर्द्ध साप्ताहिक समाचार-पत्र
6. पाक्षिक समाचार-पत्र
7. मासिक समाचार-पत्र
8. द्वि मासिक समाचार-पत्र
9. त्रैमासिक समाचार-पत्र
10. चतुर्मासिक समाचार-पत्र
11. अर्द्ध वार्षिक समाचार-पत्र
12. वार्षिक पत्रिकायें

मासिक पत्रिकायें अधिकतर साहित्य प्रधान होती है, किंतु अब अन्य विषयों की पत्रिकायें भी प्रकाशित होने लगी हैं। इन पत्रिकाओं में सामाजिक संस्थाओं, सांस्कृतिक, साहित्यिक संगठनों, सरकारी एवं गैर सरकारी संस्थाओं द्वारा की जाने वाली अपनी अनेकों गतिविधियों का विवरण प्रकाशित करती है। इस तरह की पत्रिकाओं को स्मारिका पत्रिका कहा जाता है।

समाचार-पत्रों की श्रेणियां :- भारत के समाचार-पत्रों के रजिस्ट्रार[61]ने समाचार-पत्रों को प्रसार संख्या की दृष्टि से तीन श्रेणियों में विभाजित किया है :-

1. लघु समाचार-पत्र -1000 से 5000(प्रतिदिन प्रतिकापियां का प्रकाशन)
2. मध्मम समाचार-पत्र-6000 से 50,000 (प्रतिदिन प्रतिकापियां का प्रकाशन)
3. बड़े समाचार-पत्र- 51,000 से अधिक (प्रतिदिन प्रतिकापियां का प्रकाशन)

समाचार पत्रों के उपरोक्त विवरण के आधार पर हम समझ सकते है कि लघु समाचार-पत्रों को ही स्थानीय प्रिंट मीडिया कहते है। लघु समाचार-पत्रों को प्रकाशित करने वाले मालिक, संपादक, प्रकाशक और रिपोर्टर एक ही व्यक्ति हो सकता है। लघु समाचार पत्रों की प्रसार संख्या कम होने के कारण इनकी पहुँच भी शहर के कुछ हिस्सों तक ही संभव हो पाती है। स्थानीय लोग मुख्यधारा के मीडिया का प्रयोग करते भी हुए भी अपने स्थानीय मीडिया को भी महत्त्वपूर्ण मानते है क्योंकि, आमतौर

---

[59] https://rni.nic.in
[60] https://rni.nic.in
[61] http://rni.nic.in

परइनमें वे मुख्य खबरें होती है जो मुख्यधारा के मीडिया में नहीं होती है। छोटे क्षेत्र में रहने वाले लोगों का विकास लोकल मीडिया पर ही निर्भर करता है।

2.2 स्थानीय समाचार-पत्र

क्षेत्रीय समाचार-पत्रों को आमतौर पर टैबलायड समाचार-पत्रों के नाम से जाना जाता है। टैबलायड नाम की उत्पत्ति 'टेबल'[62] शब्द से हुई है। जो एक टैबलायड आकारसमाचार-पत्र के लिए उपयुक्त है। टैबलायड आकार को अक्सर ब्रॉडशीट आकार न्यूजपेपर का 'द हॉफ साइज'[63] कहा जाता है, अर्थत पूर्ण समाचार-पत्र का आधा आकार। हालाँकि यह केवल एक आम धारणा है वास्तविकता नहीं क्योंकि ब्रॉडशीट का आयाम होता है-

600 मिमी × 750 मिमी (23.5 इंच ×29.5)है।[64]

टैबलायड का आकार ए सीरीज पेपर साइज ए3(ए थ्री) के बहुत करीब है, जिसमें 297 मिमी × 420 मिमी (11.7 × 16.5 इंच) के आयाम हैं और इसलिए प्रिंटिंग के लिए टैबलायड आकार से ए3 (ए थ्री)आकार में परिवर्तन करना लंबी अवधि के लिए आसान होता है। संयुक्त राज्य अमेरिका, ब्रिटेन, रूस से लेकर भारत, चीन, आट्रेलिया इत्यादि देशों में समाचार-पत्रों की छपाई के लिए सबसे अधिक इस्तेमाल किया जाने वाला आकार टैबलायड आकार ही है।भारत में टैबलायड समाचार पत्रों को ही आमतौर पर स्थानीय समाचार पत्र कहा जाता है।

2.3 समाचार-पत्रों केआकार-

देश-दुनिया में वर्तमान में विभिन्न भाषाओं, नामों,प्रकारों,आकारों से समाचार-पत्र प्रकाशित हो रहे हैं। भारत में प्रकाशित हो रहे समाचार-पत्र खाशतौर पर ब्रॉडशीट और टैबलायड आकारों को प्राथमिकतादेते हैं। समाचार-पत्रों के नामों एवं प्रकारों की सारणी देखें-

सारणी संख्या-23

समाचार-पत्रों के प्रारूप, चौड़ाई और ऊँचाई-

क्रमांक संख्या	नाम	चौड़ाई × ऊँचाई (मिमी)	चौड़ाई ×ऊँचाई (में)
1.	ब्रॉडशीट	600 × 750 मि.मी.	23.622 × 29.528 इंच
2.	बर्लिनर	315 × 470 मि.मी.	12.402 × 18.504 इंच
3.	टैबलायड	280 × 430 मि.मी.	11.024 × 16.929 इंच
4.	कम्पैक्ट	280 × 430 मि.मी.	11.024 × 16.929 इंच
5.	नर्डिस्क	400 × 570 मि.मी.	15.748 × 22.441 इंच

---

[62] https://www.papersizes.org
[63] https://www.papersizes.org
[64] https://www.papersizes.org

क्रमांक संख्या	समाचार-पत्रों के नाम	चौड़ाई × ऊँचाई (मिमी)	चौड़ाई × ऊँचाई	कॉलम
6.	रिनिश	350 ॽ 520 मि.मी.	13.78 × 20.472 इंच	
7.	स्विस	320 × 475 मि.मी.	12.598 × 18.701 इंच	
8.	कनाडाई अखबार	260 × 368 मि.मी.	10.236 × 14.488 इंच	
9.	सिनेर	350 × 500 मि.मी.	13.78 × 19.685 इंच	
10.	नार्वेजियन टैबलायड	280 × 400 मि.मी.	11.024 × 15.748 इंच	
11.	यूएस ब्रॉडशीट	381 × 578 मि.मी.	15 ×22.756 इंच	
12.	दक्षिण अफरीकी ब्रॉडशीट	410 × 578 मि.मी.	16.142 × 22.756 इंच	
13.	ब्रिटिश ब्रॉडशीट	375 × 597 मि.मी.	14.764 × 23.504 इंच	

स्रोत: https://www.papersizes.org[65]

उपरोक्त सारणी संख्या-23के अनुसार समाचार-पत्रों के नामों का प्रारूप, आकार (चौड़ाई × ऊँचाई (मिमी), चौड़ाई × ऊँचाई इंच में) को समझा जा सकता है।

सारणी संख्या-23

विश्वविख्यात समाचार-पत्रों के आकार

क्रमांक संख्या	समाचार-पत्रों के नाम	चौड़ाई × ऊँचाई (मिमी)	चौड़ाई ×ऊँचाई	कॉलम
1.	न्यूयार्क टाइम्स	305 × 559 मि.मी.	12.008×22.008 इंच	6 कॉलम
2.	वॉल स्ट्रीट जर्नल	305 × 578 मि.मी.	2.008×22.756 इंच	6 कॉलम
3.	द इंडियन एक्प्रेस	838. 5 × 1371 मि.मी.	33 × 54इंच	8 कॉलम

[65]https://www.papersizes.org

क्रमांक		चौड़ाई × ऊँचाई (मिमी)	चौड़ाई × ऊँचाई	कॉलम
4.	द हिंदू	838. 5 × 1371 मि.मी.	33 × 54इंच	8 कॉलम
5.	दैनिक भास्कर	838.5 × 1371मि.मी.	33 ×54 इंच	8 कॉलम
6.	जनसत्ता	838.5 × 1371 मि.मी.	33 × 54 इंच	6 कॉलम
7.	दैनिक जागरण	838.5 × 1371 मि.मी.	33 ×54 इंच	8 कॉलम
8.	दैनिक ट्रिब्यून	838.5 × 1371 मि.मी.	33 × 54 इंच	8 कॉलम

स्त्रोत :https://www.papersizes.org[66]

उपरौक्तसारणी संख्या-24के अनुसार कुछचुनिंदा विश्वविख्यात समाचार-पत्रचौड़ाई × ऊँचाई (मिमी)चौड़ाई ×ऊँचाई, इंच और आठ कॉलमों में प्रकाशित हो रहे है। हिंदी भाषा में ब्रॉडशीट में प्रकाशित होने वाला 'जनसत्ता' में आठ कॉलम होते है।

2.4 क्षेत्रीय समाचार-पत्रों केआकारएवं कॉलम

सारणी संख्या-25

क्षेत्रीय समाचार-पत्रों का आकार एवं कॉलम संख्या-

क्रमांक	समाचार-पत्र का नाम	चौड़ाई × ऊँचाई (मिमी)	चौड़ाई ×ऊँचाई	कॉलम
1.	कौमी हालात (उर्दू)	280 × 430 मि.मी.	11.0 ×16.9 इंच	5 कॉलम
2.	तेजस टुडे (हिंदी)	280× 430 मि.मी.	11.0 ×16.9 इंच	5 कॉलम
3.	काल भैरव(हिंदी)	280× 430 मि.मी.	11.0 ×16.9 इंच	5 कॉलम
4.	आज(हिंदी)	280× 430 मि.मी.	11.0 ×16.9 इंच	5 कॉलम
5.	वारिस-ए-अवध (उर्दू)	280× 430 मि.मी.	11.0 ×16.9 इंच	5 कॉलम
6.	आदर्श ज्योति (हिंदी)	280 × 430 मि.मी.	11.0 ×16.9 इंच	5 कॉलम

स्त्रोत: उत्तरप्रदेश में प्रकाशित क्षेत्रीय संबंधित न्यूजपेपर्स[67]

उपरोक्त सारणी संख्या-25के अनुसार टैबलायट समाचार-पत्रों के नामों के अनुसार आकार (चौड़ाई × ऊँचाई (मिमी), चौड़ाई × ऊँचाई इंच में) और कॉलमों को समझा जा सकता है।

2.5समाचार-पत्रों में प्रयोग होने वाली स्याही

---

[66]https://philnews.ph
[67]उत्तरप्रदेश में प्रकाशित क्षेत्रीय संबंधित न्यूजपेपर्स

भारत में अधिकतर समाचार-पत्रों को ऑफसेट प्रिंटिंग प्रकिया से मुद्रित किया जाता है। इस प्रकिया में आमतौर पर प्रयोग होने वाली स्याही **के रंग**के मुख्य प्रकार है:-

1. स्यॉन
2. येलो
3. मेजेंटा
4. ब्लैक

उपरोक्त चारों रंगों को एक-दूसरे के साथ मिलाकरजो रंग बनाये जाते हैं वे इस प्रकार बनेगें:-

1. स्यॉन + मेजेंटा = नीला
2. स्यॉन + पीला = हरा
3. मेजेंटा + पीला = लाल

जब तीनों रंगों को एक साथ मिलाया जाता है तब बनता है- काला रंग

जैसे स्यॉन + मेजेंटा+ पीला = काला[68]

2.6 समाचार-पत्रों केतत्त्व

बड़े समाचार-पत्रों के प्रकाशन में विभिन्न समाचार तत्त्वों का पालन करना होता है जिसके अंतर्गत खबरों को रूचिकर बनाते हुए पाठक को समाचार पत्र पढ़ते समय सुविधा हो। बड़े समाचार-पत्रों में जिन समाचार-तत्त्वों का पालन होता है उसमें से अधितर क्षेत्रीय समाचार-पत्रों द्वारा भी अपनाया जाता है। इस संबंध में विस्तार से नीचे संक्षेप में दिया गया है-

1. **फोलियो:**फोलियो अंदर के पन्नों के शीर्ष पर रखी गई टेक्स्ट की पंक्ति है जो पृष्ठ संख्या, दिन और प्रकाशन की तारीख देती है।

2. **मस्टहेड**-मस्टहेड अखबार का मास्ट है जहां अखबार का शीर्षक प्रकाशित होता है। यह प्रकाशन का स्थान, प्रकाशन तिथि आदि भी देता है।[69]

3. **फ्रंट पेज**-समाचार पत्र के पहले पृष्ठ में शीर्षक, सभी प्रकाशन जानकारी, अनुक्रमणिका और मुख्य कहानियां शामिल होती है जो सबसे अधिक ध्यान खीचती है।

4. **बैनर :** बैनर एक शीर्षक है जो पृष्ठ के शीर्ष पर सभी आठ स्तंभों में चलता है। यह महत्वपूर्ण घटनाओं के लिए प्रयोग किया जाता है, और बड़े और बोल्ड अक्षरों में सेट किया जाता है। बैनर को स्ट्रीमर भी कहा जाता है।[70]

5. **किकर :** किकर वह शीर्षक है जो मुख्य शीर्षक के शीर्ष पर लिखा जाता है। यह एक बिंदु आकार में सेट होता है जो मुख्य शीर्षक सेट करने के लिए उपयोग किए जाने वाले बिंदु आकार से कम होता है। कई अखबारों में किकर को शोल्डर कहा जाता है।[71]

6. **जंप :** जंप कहानी का वह हिस्सा है जो अखबार के पहले पन्ने से लेकर अंदर के पन्ने तक जारी रहता है।

7. **जंप लाइन :** जंप लाइन का उपयोग पाठक को पेज और कॉलम नंबर के बारे में सूचित करने के लिए किया जाता है, जहां वह बाकी की कहानी पा सकता है।

8. **साइडबार :** साइडबार मुख्य कहानी से संबंधित एक छोटी कहानी है और इसके निकट चलती है।

9. **स्ट्रैपलाइन :** स्ट्रैपलाइन मुख्य शीर्षक के नीचे लिखी गई हेडलाइन है। यह एक बिंदु आकार में लिखा जाता है जो मुख्य शीर्षक लिखने के लिए उपयोग किए जाने बाले बिंदु आकार रो छोटा होता है, और आम तौर गर एक नए बिंदु को उजागर करने के लिए उपयोग किया जाता है। इसका उपयोग मुख्य शीर्षक को बढ़ाने के लिए भी किया जा सकता है। कुछ अखबारों में स्ट्रैप-लाइन को रिवर्स शोल्डर भी कहा जाता है।

10. **सैक्सन :** आमतौर पर समाचार-पत्रों में एक से अधिक पृष्ठों को समावेश होता है जिसके कारण पृष्ठों को अलग-अलग नाम उसमें विस्तृत सामग्री के अनुसार दिये जाते है।[72]

---

[68]Art and print production ,N.N.Sarkar,Oxford University Press,New Dehli Pages 112 to 114

[69]Art and print production ,N.N.Sarkar,Oxford University Press,New Dehli Pages 75 to 80

[70]Art and print production ,N.N.Sarkar,Oxford University Press,New Dehli Pages 75 to 80

[71]Art and print production ,N.N.Sarkar,Oxford University Press,New Dehli Pages 313

[72]Art and print production ,N.N.Sarkar,Oxford University Press,New Dehli Pages 309

11. **सामान्य खबरें-यह** आमतौर पर स्थानीय और विदेश दोनों में सबसे महत्वपूर्ण समाचार होता है। ये आमतौर पर अखबार के पहले पन्ने पर पाए जाते है। समाचार का शीर्षक बड़े, मोटे अक्षरों में छपा होता है जिसे 'बैनर हेडलाइन' कहा जाता है।[73]

12. **देश-विदेश समाचार अनुभाग-**देश और विदेश के कस्बों और शहरों से समाचार शामिल है।

13. **संपादकीय पृष्ठ:** इस खंड में लेख शामिल है जिन्हें संपादकीय कहा जाता है। संपादकीय कुछ मुद्दों या घटनाओं पर संपादक या प्रकाशक के विचार या राय देते हैं।

14. **खेल-कूद पृष्ठ:** इस खंड में देश के अंदर और बाहर खेल से संबंधित घटनाओं पर समाचार शामिल है। इस वर्ग में खेल जगत के जाने-माने लोग भी शामिल हैं।[74]

15. **वर्गीकृत विज्ञापन अनुभाग-** इसमें ऐसे विज्ञापन शामिल है जो सहायता, वांटेड, फॉर लीज फॉर सेल और वांटेड टू बाय जैसी श्रेणियों के अंतर्गत आते है।[75]

16. **व्यापार और वित्त अनुभाग:** बैंकिंग के बारे में जानकारी के साथ व्यवसाय में रुचि रखने वाले व्यवसायी और लोग शामिल है। विदेशी विनिमय दर, आयात और निर्यात, और प्रमुख वस्तुओं की कीमतें।

17. **मनोरंजन अनुभाग-** फिल्मों, रेडियो, टेलीविजन और मनोरंजन के लिए अन्य गतिविधियों के बारे में जानकारी शामिल है।

18. **गृह और संस्कृति अनुभाग -** बजट बनाने, भोजन तैयार करने, गृह सुधार आदि के बारे में जानकारी प्रदान करता है।[76]

19. **सामाजिक पहलु एवं मुद्दें पृष्ठ :** इसमें महत्वपूर्ण लोगों के बारे में समाचार होते है जो किसी विशेष स्थान पर विशेष कार्यक्रम मना रहे होते है।

20. **यात्रा वृत्तात और पर्यटन अनुभाग:** यात्रा करने के लिए एक गाइड शामिल है और पर्यटकों को एक सुंदर छुट्टी स्थलों पर निर्देशित करता है और इन स्थानों में गतिविधियों के बारे में जानकारी देता है।

21. **घोषणाएं और कक्षीय पृष्ठ :** विभिन्न धार्मिक वर्गों की गतिविधियों के बारे में जानकारी प्रदान करता है और उन लोगों को भी सूचीबद्ध करता है जिनकी हाल ही में मृत्यु हो गई और उनके दफनाने का समय और स्थान।

22. **हेडलाइन :** हेडलाइन पाठकों का ध्यान आकर्षित करने के लिए डिस्प्ले टाइप में चलाए गए समाचार रिपोर्ट का शीर्षक है। एक शीर्षक एक समाचार रिपोर्ट में सबसे महत्वपूर्ण बिंदु को सारांशित करता है।[77]

23. **डेटलाइन :** तिथि रेखा इसमें दो तत्व शामिल है, उस शहर का नाम जहां से एक कहानी की उत्पत्ति हुई और जिस तारीख को इसे लिखा गया था।

24. **लीड :** आमतौर पर समाचार पत्र के किसी भी पृष्ठ में सबसे बड़े अक्षरों में जो लाइनें रखी जाती है उन्हें लीड कहा जाता है। प्रत्येक पृष्ठ पर खाशकर बायें भाग में इसे रखा जाता है जिसे पाठक सबसे पहले इसे देखता है।

25. **सबलीड :** उपशीर्षक एक प्रकार के ठोस स्तंभ की एकरसता को तोड़ने के लिए एक पैराग्राफ के शीर्ष पर सम्मिलित एक या दो शब्द का शीर्षक है। सबलीड मोटे अक्षरों में उसी बिंदु आकार में लिखे जाते है।

26. **टीजर :** टीजर एक फ्रंट-पेज बॉक्स है जो अखबार के मास्टहेड के ऊपर या नीचे रखा जाता है। यह अंदर के पन्नों पर चलने वाली महत्वपूर्ण कहानियों को सूचीबद्ध करता है। या एक कागज के अंदर की सामग्री की घोषणा करने वाले बक्से।[78]

27. **फिलर :** फिलर एक छोटा आइटम है जिसका उपयोग आमतौर पर प्रत्येक अखबार के पृष्ठ पर जगह भरने के लिए किया जाता है।[79]

28. **इन्फोग्राफिक :** एक इन्फोग्राफिक एक कला का रूप है जहां समाचार को बताने के लिए चार्ट, चित्र, ग्राफ या तस्वीरों के साथ शब्दों का उपयोग किया जाता है।[80]

29. **एंकर :** पेज वन के आधार पर इस्तेमाल की जाने वाली सॉफ्ट स्टोरी। इस तरह की खबर का शीर्षक कठिन समाचारों के लिए इस्तेमाल की जाने वाली सुर्खियों से अलग होता है। यह अधिक रचनात्मक और आकर्षक होगा।[81]

---

[73] Art and print production ,N.N.Sarkar,Oxford University Press,New Dehli Pages 309

[74] Art and print production ,N.N.Sarkar,Oxford University Press,New Dehli Pages 313

[75] Art and print production ,N.N.Sarkar,Oxford University Press,New Dehli Pages 312

[76] Art and print production ,N.N.Sarkar,Oxford University Press,New Dehli Pages 312

[77] Art and print production ,N.N.Sarkar,Oxford University Press,New Dehli Pages 302

[78] Art and print production ,N.N.Sarkar,Oxford University Press,New Dehli Pages 313

[79] Art and print production ,N.N.Sarkar,Oxford University Press,New Dehli Pages 313

[80] Art and print production ,N.N.Sarkar,Oxford University Press,New Dehli Pages 313

[81] Art and print production ,N.N.Sarkar,Oxford University Press,New Dehli Pages 313

30. **बॉक्स :** एक समाचार रिपोर्ट जो एक मुद्रित नियम से घिरी होती है। बॉक्स का उपयोग उन कहानियों को प्रदर्शित करने के लिए किया जाता है जो महत्वपूर्ण या असामान्य है।

31. **हिंदी फॉंट नाम :** देवनागरी, ओंकार बोल्ड, प्रज्ञा बोल्ड, मित्र बोल्ड, योगेश बोल्ड, विजय बोल्ड, शक्ति लाईट, अर्जुन, बकुल मीडियम, महादेव, कृष्णा, 4सी गांधी, कुरुती, कुंडली, मंगल इत्यादि।

ले-आउट के अंग

1. **गटर :** अखबारों के पृष्ठ एक ग्रिड पर रखे जाते है जिसमें 4 तरफ एक मार्जिन होता है, कई लंबवत कॉलम और कॉलम के बीच में जगह होती है, जिसे गटर (लाईनों के बीच का स्पेश)कहा जाता है।अमेरिका में ब्रॉडशीट अखबार के पन्नों में आमतौर पर 6-9 कॉलम होते है, जबकि लोकलसमाचार पत्रों के आकार के प्रकाशनों में 5 कॉलम होते है। नीचे कॉलम देखे- जो 6 कॉलमों में विभाजित है[82]-

एक अखबार के पेज पर, सभी लाइव सामग्री (प्रतिलिपि, कला और विज्ञापन) कॉलम में समाहित हैं।[83]

2. **साइड मार्जेन :** मार्जिन मुख्य सामग्री और मुद्रित पृष्ठ या अगले पृष्ठ के किनारे के बीच का स्थान है। कोई विशिष्ट मार्जिन आकार नहीं है, वे परियोजना के आधार पर काफी भिन्न हो सकते हैं। डिजाइन करते समय मार्जिन को ध्यान में रखना जरूरी है, खासकर अगर आपका प्रोजेक्ट बाउंड होने वाला है। आपकी बाध्यकारी पसंद के आधार पर आपके आंतरिक मार्जिन भिन्न हो सकते है। आपका प्रिंट सलाहकार इसके माध्यम से आपका मार्गदर्शन कर सकता है।[84]

3. **ब्लीड:** एक ऐसा शब्द है जो प्रिंटिंग को संदर्भित करता है जो प्रोजेक्ट के ट्रिम किनारे से आगे बढ़ता है, इसलिए किनारे को ट्रिम किया जा सकता है और कोई भी अमुद्रित क्षेत्र नहीं रहता है। एक पूर्ण ब्लीड वर्णन करता है कि जब एक परियोजना को एक छवि या छवियों के साथ डिजाइन किया गया है जो चारों तरफ से कटे हुए किनारे को छूती है।

उदाहरण के लिए, यदि आप एक ऐसी छवि के साथ एक पोस्टकार्ड डिजाइन कर रहे हैं जिसे आप पूरी पृष्ठभूमि को कवर करना चाहते है, तो आपको छवि को अपने डिजाइन के किनारे से 125 इंच (विशिष्ट ब्लीड आकार) तक विस्तारित करने की आवश्यकता होगी। प्रिंटर आमतौर पर काटने के लिए अनुमति देने के लिए 125 इंच ब्लीड मांगते है, लेकिन तकनीकी रूप से कटलाइन से परे किसी भी स्थान को ब्लीड माना जाता है।

---

[82]Art and print production ,N.N.Sarkar,Oxford University Press,New Dehli Pages 296

[83]Art and print production ,N.N.Sarkar,Oxford University Press,New Dehli Pages 296

[84]Art and print production ,N.N.Sarkar,Oxford University Press,New Dehli Pages 75 to 80

4. **लाइनों के बीच का स्पेश :** जब किसी भी पेज पर खबरें ज्यादा हो और हमारे पास स्पेश की कमी हो तब उस स्थिति में डिजाइनर कॉलम की लाइनों के बीच का स्पेश को कम या ज्यादा कर सकता है। इस स्पेश को कम या ज्यादा करने के लिए डिजाइनर क्वार्क एक्सप्रेस, पेज मेकर और इन-डिजाइन सॉफ्वेयर का प्रयोग करता है।

5. **शब्दों के बीच का स्पेश :** जब किसी भी पेज पर खबरें ज्यादा हो और हमारे पास स्पेश की कमी हो तब उस स्थिति में डिजाइनर कॉलम की शब्दों के बीच का स्पेश को कम या ज्यादा कर सकता है। इस स्पेश को कम या ज्यादा करने के लिए डिजाइनर क्वार्क एक्सप्रेस, पेज मेकर और इन-डिजाइन सॉफ्वेयर का प्रयोग करता है।[85]

6. **कॉलम इंच:** समाचार पत्र खुदरा विज्ञापनदाताओं, विज्ञापन एजेंसियों और अन्य मीडिया खरीदारों को पृष्ठ पर विज्ञापन स्थान बेचते हैं। विज्ञापनों को कॉलम इंच का उपयोग करके मापा जाता है। एक स्तंभ इंच अंतरिक्ष की एक इकाई है जो एक स्तंभ चौड़ा एक इंच ऊंचा है।[86]

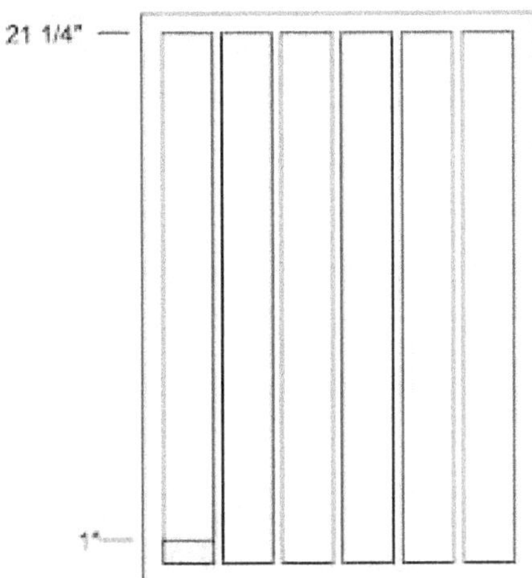

उपरोक्त6 स्तंभ पृष्ठ पर कुल उपलब्ध स्तंभ इंच, इंच ऊँचे ग स्तंभों की संख्या के बराबर होगा।

21 1/4 ग 6 कॉलम = 127 1/2[87]

2.7क्षेत्रीय समाचार-पत्रों की प्रसार संख्या

प्रत्येक समाचार-पत्रों कोसर्कुलेशन के आधार पर विज्ञापनदाता विज्ञापन देते है। इन समाचार-पत्रों में छोटे समाचार-पत्र,मध्यम समाचार-पत्र सम्मिलित होते हैं।बड़े समाचार पत्रों में जहां सर्कुलेशन को देखने के लिए ऑडिट ब्यूरो ऑफ सर्कुलेशन स्थापना संस्था (स्थापना 1948)[88] कार्य करती है, वही छोटे एवं मध्यम समाचार-पत्रों स्थानीय जनसंख्या में उनकी लोकप्रियता से ही विज्ञापन मिलते है।

सारणी संख्या-26

उत्तरप्रदेश में क्षेत्रीय समाचार-पत्रों की प्रचार-प्रसार संख्या-

क्रमांक संख्या   समाचार-पत्रों की प्रसार संख्या

1.   25000 हजार से अधिक

---

[85]Art and print production ,N.N.Sarkar,Oxford University Press,New Dehli Pages 75 to 80
[86]Art and print production ,N.N.Sarkar,Oxford University Press,New Dehli Pages 75 to 80
[87] https://www.easymedia.in
[88] http://www.auditbureau.org/

स्त्रोत: सूचना का अधिकार अधिनियमि-2005[89]

उत्तरप्रदेश क्षेत्रिय स्तर पर प्रकाशित होने वाले समाचार-पत्रों की प्रसार-प्रसार संख्या 25000 तक की है। इस संबधित संख्या की जानकारी उत्तरप्रदेश शासन के अधिनस्थ कार्यरत सूचना जन सर्म्पक विभाग के अंतर्गत सूचना के अधिकार अधिनियिम-2005 के तहत प्राप्त हुई है। इस प्राप्त सूचना में राष्ट्रीय समाचार-पत्रों को भी सम्मिलित किया गया है जिसके संबंध में समस्त उत्तरप्रदेश के प्रिंट मीडिया की सामग्री संग्रहित हो पाई है जो पाठकों के लिए लाभावित करेगी।

क्रमांक संख्या	मंडल का नाम एवं सम्मिलित जनपद	मंडलों में समाचार-पत्रों की संख्या
1.	**वाराणसी**-चंदौली, जौनपुर, वाराणसी	32
2.	**फैजाबाद**-अम्बेडकरनगर,बाराबंकी,अयोध्या सुल्तानपुर, अमेठी	51
3.	**दैवीपाटन**-बहराइच, बलरामपुर, गोण्डा,श्रावस्ती	18

उत्तरप्रदेश प्रिंट मीडिया के संबंध में जितनी भी तारिफ की जाये उतनी ही कम होगी क्योंकि,स्थानीय प्रिंट मीडिया ने आजादी से पूर्व और आजादी के बाद प्रदेश काअथाह सूचनाओं के माध्यम से विकास किया है।इन स्थानीयसूचनाओं के माध्यम से स्थानीय स्तर का विकास परवान चढ़ा है, इस स्थानीय परवान से प्रदेश का विकास हुआ है। प्रदेश के लोग अपनी सांस्कृतिक, धार्मिक, राजनीतिक, आर्थिक एवं अन्य क्षेत्रों में अपने अधिकारों के प्रति सदैव ही सचेत रह हैं।इस कार्य का पूर्ण श्रेय उन परिश्रमी संपादकों, रिपोर्टरों, फोटोग्राफरों, प्रिंटरों, कारीगरों, न्यूजपेपर एंजेसी के मालिकों, हॉकरों को जाता है जिन्होंने स्थानीय सूचनाओं को एक-दूसरे के विकास के लिए उपयोग करवाने में अपने बहुमूल्य जीवन को सम्प्रपित किया।

सारणी संख्या-27

उत्तरप्रदेश में मंडलीय स्तर पर प्रिंट मीडिया-1

---

[89] सूचना एवं जन सम्पर्क विभाग, उत्तरप्रदेश के तहत आरटीआई दिनांक 9 जनवरी 2023

क्रमांक संख्या	मंडल का नाम एवं सम्मिलित जनपद	मंडल समाचार-पत्रों की संख्या
4.	**आगरा**-आगरा, फिरोजाबाद, मैनपुरी, मथुरा	45
5.	**आजमगढ़**-आजमगढ़, बलिया, मऊ	21
6.	**इलाहाबाद**-प्रयागराज़, फतेहपुर, कौशाम्बी, प्रतापगढ़	76
7.	**कानपुर**-औरेया,इटावा, फरूखाबाद, कानपुर देहात, कानपुर, कन्नौज	72
8.	**चित्रकूटधाम**-बांदा,चित्रकूट, हमीरपुर, महोबा	18
9.	**झांसी**-जालौन,झांसी, ललितपुर	28

स्रोत : सूचना का अधिकार अधिनियम-2005[90]

उपरोक्त सारणी संख्या-27के अनुसार उत्तरप्रदेश में मंडल स्तर पर प्रिंट मीडिया-1 में नौ मंडलों में सम्मिलित जिलों से प्रकाशित हो रहे विभिन्न समाचार-पत्रों की संख्याओं का विवरण दिया गया है। वाराणसी मंडल में कुल समाचार पत्रों की संख्या-32, फैजाबाद-51, दैवीपाटन-18, आगरा-45, इलाहाबाद-76, कानपुर-72, चित्रकूटधाम-18 और झांसी-28 है। उपरोक्त नौ मंडलों में विभिन्न हिंदी, उर्दू एवं अंग्रेजी कुल समाचार पत्रों की संख्या-361 है।

सारणी संख्या-28

उत्तरप्रदेश में मंडलीय स्तर पर प्रिंट मीडिया-2

क्रमांक संख्या	मंडल का नाम एवं सम्मिलित जनपद	मंडल समाचार-पत्रों की संख्या
10.	**बरेली**-बादांयू,बरेली, पीलीभीत, शाहजहांपुर	27
11.	**बस्ती**-बस्ती,सिद्धार्थनगर, संतकबीर नगर	24
12.	**मिर्जापुर**-मिर्जापुर,सोनभद्र, संत रविदास नगर	14
13.	**मुरादाबाद**-बिजनौर,अमरोहा, मुरादाबाद, रामपुर, सबंल	27
14.	**मेरठ**-बागपत,बुलन्दशहर, गौतमबुद्ध नगर, गाजियाबाद, मेरठ, हापुड़	100
15	**लखनऊ**-हरदोई,लखीमपुरखीरी, लखनऊ, रायबरेली, सीतापुर, उन्नाव	510
16.	**सहारनपुर**-मुजफरनगर,सहारनपुर, शामली	35
17.	**गोरखपुर**-देवरिया,कुशीनगर, महाराजगंज	43
18.	**अलीगढ़**-अलीगढ़,हाथरस, कासगंज, एटा	16

स्रोत : सूचना का अधिकार अधिनियम-2005[91]

---

[90]सूचना एवं जन सम्पर्क विभाग, उतरप्रदेश के तहत आरटीआई दिनांक 9 जनवरी 2023

उपरोक्त सारणी संख्या-28के अनुसार उत्तरप्रदेश में मंडल स्तर पर प्रिंट मीडिया-2 में नौ मंडलों में सम्मिलित जिलों से प्रकाशित हो रहे विभिन्न समाचार-पत्रों की संख्याओं का विवरण दिया गया है। बरेली मंडल में कुल समाचार पत्रों की संख्या-27,बस्ती-24, मिर्जापुर-14,मुरादाबाद-27, मेरठ-100, लखनऊ-510,सहारपुर-35, गोरखपुर-43, अलीगढ़-16 है।इस उपरोक्त नौ मंडलों में कुल समाचार-पत्रों की संख्या-794 है। इस प्रकार उत्तरप्रदेश के समस्त अठारह मंडलों में विभिन्न हिंदी, उर्दू एवं अंग्रेजी समाचार-पत्रों के प्रकाशन की संख्या-1,157 है।

सारणी संख्या-29

उत्तरप्रदेश में प्रिंट मीडिया का भाषायी विवरण –

कमांक संख्या	समाचार-पत्रों की भाषा	समाचार-पत्रों की संख्या
1.	हिंदी	802
2.	उर्दू	310
3.	पंजाबी	02
4.	संस्कृत	01
कुल योग		1,157

स्रोत : सूचना का अधिकार अधिनियम-2005[92]

उपरोक्त सारणी संख्या-29के अनुसार उत्तरप्रदेश में प्रिंट मीडिया का भाषायी विवरण इस प्रकार से है– हिंदी में प्रकाशित समाचार-पत्रों की संख्या-802, उर्दू समाचार-पत्रों की संख्या-310, पंजाबी में समाचार-पत्रों की संख्या-2 है और वही संस्कृत में एक समाचार-पत्र प्रकाशित है। इस प्रकार उत्तरप्रदेश में प्रिंट मीडिया का विस्तार 1,157 है।

सारणी संख्या-30

उत्तरप्रदेश में 1 समाचार-पत्र के प्रकाशन वाले जनपद

कमांक संख्या	जनपद का नाम	प्रकाशित समाचार-पत्रों की संख्या
1.	चंदौली जनपद	01
2.	शामली जनपद	01
3.	एटा	01
4.	हाथरस	01
5.	कासगंज	01
6.	कौशांबी	01
7.	महौबा	01

---

[91]सूचना एवं जन सम्पर्क विभाग, उतरप्रदेश के तहत आरटीआई दिनांक 9 जनवरी 2023
[92]स्रोत : सूचना का अधिकार अधिनियम-2005

8.	संबल	01
9.	सोनभद्र	01
10.	अमरोहा	01

स्त्रोत : सूचना का अधिकार अधिनियम-2005[93]

उपरोक्त सारणी संख्या-30के अनुसार चंदौली-1 ,शामली-1 ,एटा-1,हाथरस-1, कासगंज-1,कौशांबी-1,महौबा-1,संबल-1, सोनभद्र-1, अमरोहा-1 जनपदों में स्थानीय समाचार-पत्रों का प्रकाशन हो रहा है।

सारणी संख्या-31

उत्तरप्रदेश में 2 समाचार-पत्रों के प्रकाशन वाले जनपद

क्रमांक संख्या	जनपद का नाम	प्रकाशित समाचार-पत्रों की संख्या
1.	श्रावस्ती जनपद	02
2.	औरया जनपद	02
3.	मऊ जनपद	02
4.	संत रविदास नगर	02
5.	रामपुर जनपद	02
6.	ललित पुर जनपद	02
7.	पीलीभीत जनपद	02
8.	फरूखाबाद जनपद	02
9.	सोनभद्र जनपद	02

स्त्रोत : सूचना का अधिकार अधिनियम-2005[94]

उपरोक्त सारणी संख्या-31के अनुसार उत्तरप्रदेश राज्य के श्रावस्ती-2, औरया-2, मऊ-2, संत रविदास नगर-2, रामपुर-2, ललितपुर-2,पीलभीत-2, फरूखाबाद-2, सोनभ्रद जनपदों में समाचार-पत्र प्रकाशित हो रहे हैं।

सारणी संख्या-32

उत्तरप्रदेश में 3 समाचार-पत्रों के प्रकाशन वाले जनपद

---

[93]सूचना एवं जन सम्पर्क विभाग, उतरप्रदेश के तहत आरटीआई दिनांक 9 जनवरी 2023
[94]सूचना एवं जन सम्पर्क विभाग, उतरप्रदेश के तहत आरटीआई दिनांक 9 जनवरी 2023

क्रमांक संख्या	जनपद का नाम	प्रकाशित समाचार-पत्रों की संख्या
1.	बंदायू जनपद	03
2.	हमीरपुर जनपद	03
3.	बहराइच जनपद	03
4.	बलरामपुर जनपद	03
5.	बागपत जनपद	03
6.	हापुड़ जनपद	03

स्त्रोत : सूचना का अधिकार अधिनियम-2005[95]

उपरोक्त सारणी संख्या-32के अनुसार उत्तरप्रदेश राज्य के बंदायू-3, हमीरपुर-3, बहराइच-3, बलरामपुर-3, बागपत-3, हापुड़-3 जनपदों में समाचार-पत्र प्रकाशित हो रहे है।

सारणी संख्या-33

उत्तरप्रदेश में4 समाचार-पत्रों के प्रकाशन वाले जनपद

क्रमांक संख्या	जनपद का नाम	प्रकाशित समाचार-पत्रों की संख्या
1.	लखीमपुरखीरी जनपद	04
2.	बुलन्दशहर जनपद	04
3.	बलिया जनपद	04
4.	फिरोजाबाद	04
5.	मैनपुरी जनपद	04
6.	मथुरा	04
7.	कन्नौज	04
8.	कानपुर देहात	04

स्त्रोत : सूचना का अधिकार अधिनियम-2005[96]

उपरोक्त सारणी संख्या-33के अनुसार उत्तरप्रदेश राज्य के लखीमपुरखीरी-4, बुलन्दशहर-4, बलिया-4, फिरोजाबाद-4, मैनपुरी-4, मथुरा-4, कन्नौज-4, कानपुर देहत-4 जनपदों में समाचार-पत्र प्रकाशित हो रहे है।

सारणी संख्या-34

उत्तरप्रदेश में5 से 10 समाचार-पत्रों के प्रकाशन वाले जनपद

---

[95]सूचना एवं जन सम्पर्क विभाग, उत्तरप्रदेश के तहत आरटीआई दिनांक 9 जनवरी 2023
[96]सूचना एवं जन सम्पर्क विभाग, उत्तरप्रदेश के तहत आरटीआई दिनांक 9 जनवरी 2023

क्रमांक संख्या	जनपद का नाम	प्रकाशित समाचार-पत्रों की संख्या
1.	सिद्धानगर जनपद	05
2.	चित्रकूट जनपद	5
3.	जालौन जनपद	05
4.	अमेठी	06
5.	शाहजहांपुर जनपद	06
6.	अंबेडकर नगर जनपद	07
7.	संतकबीर नगर जनपद	08
8.	प्रतापगढ़जनपद	08
9.	देवरिया जनपद	09
10.	इटावा जनपद	09
11.	बांदा जनपद	09
12.	गोंडा जनपद	10
13.	सुल्तानपुरजनपद	10
14.	उन्नाव जनपद	10

स्त्रोत : सूचना का अधिकार अधिनियम-2005[97]

उपरोक्त सारणी संख्या-34के अनुसार उत्तरप्रदेश राज्य के सिद्धानगर जनपद-5, चित्रकूट-5, जालौन-5, अमेठी-6, शाहजहांपुर जनपद-6, अंबेडकर नगर -7,संतकबीर -8, प्रतापगढ़-8, देवरिया-9, इटावा-9, बांदा-9, गोंडा-10, सुल्तानपुर-10 जनपदों में समाचार-पत्र प्रकाशित हो रहे है।

सारणी संख्या-35

उत्तरप्रदेश में 11 से 20 समाचार-पत्रों के प्रकाशन वाले जनपद

क्रमांक संख्या	जनपद का नाम	प्रकाशित समाचार-पत्रों की संख्या
1.	मिर्जापुर जनपद	11
2.	सीतापुर जनपद	11
3.	बस्ती जनपद	11
4.	अलीगढ़जनपद	11

---

[97]सूचना एवं जन सम्पर्क विभाग, उतरप्रदेश के तहत आरटीआई दिनांक 9 जनवरी 2023

क्रमांक संख्या	जनपद का नाम	प्रकाशित समाचार-पत्रों की संख्या
5.	हरदोई जनपद	13
6.	आयोध्या जनपद	13
7.	आमजगढ़ जनपद	14
8.	फतेहपुरीजनपद	15
9.	मुजफ्फरपुरजनपद	16
10.	सहारनपुरजनपद	16
11.	बरेलीजनपद	16
12.	रायबरेली जनपद	20
13.	मुरादाबाद जनपद	20

स्त्रोत : सूचना का अधिकार अधिनियम-2005[98]

उपरोक्त सारणी संख्या-35 के अनुसार उत्तरप्रदेश राज्य के मिर्जापुर जनपद-1,सीतापुर-11, बस्ती-11, अलीगढ़-11, हरदोई-13, आयोध्या-13, आजमगढ़-14, फतेहपुरी-15,मुजफ्फरपुर-16, सहारपुर-16, बरेली-16, रायबरेली-20, मुरादाबाद जनपद में 20 समाचार पत्र प्रकाशित हो रहे है।

सारणी संख्या-36

उत्तरप्रदेश में 21 से ज्यादा समाचार-पत्रों के प्रकाशन वाले जनपद एवं राजधानी-

क्रमांक संख्या	जनपद का नाम	प्रकाशित समाचार-पत्रों की संख्या
1.	झांसी जनपद	21
2.	गाजीयाबाद	25
3.	वाराणसी जनपद	26
4.	गौतमबुद्ध नगर	28
5.	आगरा जनपद	33
6.	मेरठ जनपद	36
7.	कानपुर जनपद	49
8.	इलाहाबाद जनपद	52
9.	**लखनऊ (राजधानी)**	440

स्त्रोत : सूचना का अधिकार अधिनियम-2005[99]

---

[98] सूचना एवं जन सम्पर्क विभाग, उत्तरप्रदेश के तहत आरटीआई दिनांक 9 जनवरी 2023

उपरोक्त सारणी संख्या-36 के अनुसार उत्तरप्रदेश राज्य के झांसी जनपद में-21, गाजीयाबाद-25, वाराणसी-26, गौतमबुद्ध-28, आगरा-33, मेरठ-36, कानपुर-49, इलाहाबाद-52 और राजधानी लखनऊ में 440 समाचार-पत्रों का प्रकाश हो रहा है।

2.8वाराणसी मंडल में प्रिंट मीडिया

वाराणसी मंडल में मुख्यत: चंदौली, जौनपुर, वाराणसी जिले सम्मिलित है। मंडल के अंतर्गत प्रिंट मीडिया इस प्रकार से लोगों को प्रत्येक क्षेत्र की सूचनाओं से विकास कर रहा है।

सारणी संख्या-37

जनपद- चंदौली

पत्र कोड	पत्र का नाम	भाषा	अवधि	प्रसार संख्या
CDL-DLY-4511	गांव गिराव	हिंदी	दैनिक	15100

स्त्रोत : सूचना का अधिकार अधिनियम-2005[100]

उरोक्तसारणी संख्या-37के अनुसार जनपद-चंदौली में एक ही स्थानीय स्तर पर समाचार पत्र का प्रकाशन हो रहा है। इसके अतिरिक्त राष्ट्रीय मीडिया अपने स्तर पर अपनी पहुंच बनाये हुए है।

सारणी संख्या-38

जनपद-जौनपुर

पत्र कोड	पत्र का नाम	भाषा	अवधि	प्रसार संख्या
JPR-DLY-6148	तेजस टूडे	हिंदी	दैनिक	22100
JPR-DLY-44	जवांदोस्त	उर्दू	दैनिक	16250
JPR-DLY-43	तरूणामित्र	हिंदी	दैनिक	25000
JPR-DLY-42	मान्यवर	हिंदी	दैनिक	25000
JPR-DLY-5878	स्वतंत्र दस्तक	हिंदी	दैनिक	25000

स्त्रोत : सूचना का अधिकार अधिनियम-2005[101]

उरोक्त सारणी संख्या-38अनुसार जनपद-जौनपुर में स्थानीय स्तर पर पांच समाचार पत्रों का प्रकाशन हो रहे है। इसके अतिरिक्त राष्ट्रीय मीडिया अपने स्तर पर अपनी पहुंच बनाये हुए है।

सारणी संख्या-39

जनपद-वाराणसी

---

[99]सूचना एवं जन सम्पर्क विभाग, उतरप्रदेश के तहत आरटीआई दिनांक 9 जनवरी 2023

[100]सूचना एवं जन सम्पर्क विभाग, उतरप्रदेश के तहत आरटीआई दिनांक 9 जनवरी 2023

[101]सूचना एवं जन सम्पर्क विभाग, उतरप्रदेश के तहत आरटीआई दिनांक 9 जनवरी 2023

पत्र कोड	पत्र का नाम	भाषा	अवधि	प्रसार संख्या
VRS-DLY-2800	अमर उजाला	हिंदी	दैनिक	183644 मंडल
VRS-DLY -5911	आई नेक्स्ट	अंग्रेजी	दैनिक	36494 जिला
VRS-DLY -2	आज	हिंदी	दैनिक	65401 मण्डल
VRS-DLY -10	आवाजे मुस्क	उर्दू	दैनिक	49835, जिला
VRS-DLY -7274	एक संदेश	हिंदी	दैनिक	45751 जिला
VRS-DLY -1	काल भैरव	हिंदी	दैनिक	17637 जिला
VRS-DLY -9	कांशी वार्ता	हिंदी	दैनिक	37764 जिला
VRS-DLY -13296	कौमी मोर्चा	उर्दू	दैनिक	16653 जिला
VRS-DLY -6	गाण्डीव	हिंदी	दैनिक	21478 जिला
VRS-DLY -5593	चेतना विचारधारा	हिंदी	दैनिक	30278 जिला
VRS-DLY -7228	ज्ञान, शिखा टाइम्स	हिंदी	दैनिक	40130 जिला
VRS-DLY -7	जनमुख	हिंदी	दैनिक	22158 जिला
VRS-DLY -6049	जनसंदेश टाइम्स	हिंदी	दैनिक	24984 जिला
VRS-DLY -4	जनवार्ता	हिंदी	दैनिक	47744 जिला
VRS-DLY -3217	जागरूक एक्सप्रेस	हिंदी	दैनिक	41087 जिला
VRS-DLY -3	जागरण (वाराणसी)	हिंदी	दैनिक	222805 मंडल
VRS-DLY -5736	डेली न्यूज एक्टिविस्ट	हिंदी	दैनिक	74066 जिला
VRS-DLY -8	निष्पक्ष भारतदूत	हिंदी	दैनिक	25000 जिला
VRS-DLY -7292	भारत एकता टाइम्स	हिंदी	दैनिक	50710 जिला
VRS-DLY -4532	यूपी का सच	उर्दू	दैनिक	23516 जिला
VRS-DLY -5739	राष्ट्रीय सहारा	हिंदी	दैनिक	593304 जिला
VRS-DLY -5750	वारिस-ए-अवध	उर्दू	दैनिक	705603 मंडल
VRS-DLY -5	सनमार्ग	हिंदी	दैनिक	25000 जिला
VRS-DLY -13885	सप्तरत्न	हिंदी	दैनिक	15123 जिला
VRS-DLY -5592	स्वतंत्र चेतना	हिंदी	दैनिक	135236 जिला
VRS-DLY -3116	हिंदूस्तान	हिंदी	दैनिक	1134193 मंडल

स्त्रोत : सूचना का अधिकार अधिनियम-2005[102]

उरोक्तसारणी संख्या-39के अनुसार जनपद- वाराणसी में स्थानीय एवं राष्ट्रीय मीडिया स्तर 26 समाचार-पत्रों का प्रकाशन होता है जिसके तहत वे अपनी माध्यम से लोगों का अपनी सूचनाओं के माध्यम से सर्वांगीण विकास कर रहे है।

---

[102] सूचना एवं जन सम्पर्क विभाग, उतरप्रदेश के तहत आरटीआई दिनांक 9 जनवरी 2023

2.9 फ़ैज़ाबाद मंडल में प्रिंट मीडिया

सारणी संख्या-40

जनपद-अंबेडकर नगर

पत्र कोड	पत्र का नाम	भाषा	अवधि	प्रसार संख्या
ABR-DLY-4556	अकबरपुर एक्सप्रेस	उर्दू	दैनिक	15485 जिला
ABR-DLY-6499	उदति सविता	दैनिक	दैनिक	20140 जिला
JPR-DLY-5689	तमसा संकेत	हिंदी	दैनिक	25000 जिला
JPR-DLY-4047	मौर्य सम्राट (दैनिक)	हिंदी	दैनिक	66925 जिला
JPR-DLY-13913	राष्ट्रीय न्यूज एक्सप्रेस	हिंदी	दैनिक	50200 जिला
JPR-DLY-7639	लोहिया भूमि	हिंदी	दैनिक	50367 जिला
JPR-DLY-3035	सप्तरत्न	हिंदी	दैनिक	25000 जिला

स्त्रोत : सूचना का अधिकार अधिनियम-2005[103]

उरोक्तसारणी संख्या-40के अनुसार जनपद-अंबेडकर नगर में स्थानीय स्तर पर सात समाचार-पत्रों का प्रकाशन हो रहा है। इसके अतिरिक्त राष्ट्रीय मीडिया अपने स्तर पर पहुंच बनाये हुए है जो लोगों का अपनी सूचनाओं के माध्यम सर्वांगीण विकास करने में सहायक है।

सारणी संख्या-41

जनपद –बाराबंकी

पत्र कोड	पत्र का नाम	भाषा	अवधि	प्रसा संख्या
BBK-DLY-734	अमरेश दर्पण	हिंदी	दैनिक	15800 जिला
BBK -DLY-2809	आज की रिपोर्ट	दैनिक	दैनिक	36155 जिला
BBK -DLY-2756	इरम् अल-हुदा टाइम्स	उर्द	दैनिक	25000 जिला
BBK -DLY-2804	जदीद आवास-ए-मरकंज	उर्दू	दैनिक	25000 जिला
BBK DLY-7644	नाराण एक्सप्रेस	हिंदी	दैनिक	25000 जिला
BBK -DLY-13916	निष्पक्ष जनअवलोकन	हिंदी	दैनिक	5400 जिला
BBK -DLY-4190	परख़ कौमी टाइम्स	हिंदी	दैनिक	25000 जिला
BBK -DLY-7190	फैज़ान-ए- वारिश	उर्दू	दैनिक	15100 जिला
BBK -DLY-225	राष्ट्रीय एकता लहर	हिंदी	दैनिक	25000 जिला
BBK -DLY-224	वारिस-ए- अवध	उर्दू	दैनिक	60135 जिला
BBK -DLY-13144	शमशीर-ए- हिंद	उर्दू	दैनिक	60800 जिला
BBK -DLY-8268	शोभित दर्पण	हिंदी	दैनिक	15200 जिला
BBK -DLY-6478	संदौली टाइम्स	हिंदी	दैनिक	25515 जिला

---

[103] सूचना एवं जन सम्पर्क विभाग, उतरप्रदेश के तहत आरटीआई दिनांक 9 जनवरी 2023

पत्र कोड	पत्र का नाम	भाषा	अवधि	प्रसार संख्या
BBK -DLY-13071	सरकार की उपब्धियां	हिंदी	दैनिक	5500 जिला

स्रोत : सूचना का अधिकार अधिनियम-2005[104]

उरोक्तसारणी संख्या-41के अनुसार जनपद-बाराबंकी में स्थानीय स्तर पर चौदह समाचार पत्रों का प्रकाशन हो रहा है। इसके अतिरिक्त राष्ट्रीय मीडिया अपने स्तर पर पहुंच बनाये हुए है।

सारणी संख्या-42

जनपद- आयोध्या

पत्र कोड	पत्र का नाम	भाषा	अवधि	प्रसार संख्या
FZB-DLY-2833	अवधनामा	उर्दू	दैनिक	52101 जिला
FZB-DLY-6458	आग	उर्दू	दैनिक	5122 जिला
FZB-DLY-4510	इच्छा शक्ति	हिंदी	दैनिक	15350 जिला
FZB-DLY-62	जनमोर्चा	हिंदी	दैनिक	65291 जिला
FZB-DLY-5734	डेलीन्यूज एक्टिविट्स	हिंदी	दैनिक	60291 जिला
FZB-DLY-3051	तरूण मित्रां	हिंदी	दैनिक	15100 जिला
FZB-DLY-6638	भारतीय बस्ती	हिंदी	दैनिक	10800 जिला
FZB-DLY-3050	मदद	उर्द	दैनिक	25000 जिला
FZB-DLY-13438	रॉयल न्यूज़ ऑफ राजधानी	हिंदी	दैनिक	5050 जिला
FZB-DLY-4188	वारिस-ए- अवध	उर्दू	दैनिक	25000 जिला
FZB-DLY-5939	शांति मोर्चा	हिंदी	दैनिक	25101 जिला
FZB-DLY-13400	सरकार की उपब्धियां	हिंदी	दैनिक	5600 जिला
FZB-DLY-3287	स्वतंत्र चेतना	हिंदी	दैनिक	35186 जिला

स्रोत : सूचना का अधिकार अधिनियम-2005[105]

उरोक्त सारणी संख्या-42के अनुसार जनपद-आयोध्या में स्थानीय स्तर पर तेरह समाचार-पत्रों का प्रकाशन हो रहा है। इसके अतिरिक्त राष्ट्रीय मीडिया अपने स्तर पर अपनी पहुंच बनाये हुए है।

सारणी संख्या-43

जनपद- सुल्तानपुर

पत्र कोड	पत्र का नाम	भाषा	अवधि	प्रसार संख्या
SLR-DLY-5647	अपारदर्शी	हिंदी	दैनिक	158156 जिला

---

[104] सूचना एवं जन सम्पर्क विभाग, उतरप्रदेश के तहत आरटीआई दिनांक 9 जनवरी 2023
[105] सूचना एवं जन सम्पर्क विभाग, उतरप्रदेश के तहत आरटीआई दिनांक 9 जनवरी 2023

पत्र कोड	पत्र का नाम	भाषा	अवधि	प्रसार संख्या	
SLR--DLY-200	आदर्श ज्योति	हिंदी	दैनिक	16000	जिला
SLR-DLY-5025	कौमी मंजिल (सुल्तानपुर)	उर्दू	दैनिक	15930	जिला
SLR--DLY-71998	न्यू गीतांजलि टाइम्स	हिंदी	दैनिक	5550	जिला
SLR--DLY-6092	फाईटर टुडे	हिंदी	दैनिक	15100	जिला
SLR--DLY-6043	बिजनेश मिरर	हिंदी	दैनिक	15856	जिला
SLR--DLY-4231	भेंट वार्ता	हिंदी	दैनिक	15898	जिला
SLR--DLY-3045	लोहिया क्रांति	हिंदी	दैनिक	24174	जिला
SLR--DLY-201	सुल्तान-ए- अवध	हिंदी	दैनिक	25000	जिला
SLR--DLY-199	सुल्तानपुर किरण	हिंदी	दैनिक	5800	जिला

स्रोत : सूचना का अधिकार अधिनियम-2005[106]

उरोक्तसारणी संख्या-43के अनुसार जनपद-सुल्तानपुर में स्थानीय स्तर पर दस समाचार-पत्रों का प्रकाशन हो रहा हो है। इसके अतिरिक्त राष्ट्रीय मीडिया अपने स्तर पर पहुंच बनाये हुए है।

सारणी संख्या-44

जनपद अमेठी

पत्र कोड	पत्र का नाम	भाषा	अवधि	प्रसार संख्या	
KSN-DLY-6067	आनंद टाइम्स	हिंदी	दैनिक	24300	जिला
SLR--DLY-6736	कौमी हालात	उर्द	दैनिक	25000	जिला
SLR-DLY-7848	ग्रामीण सहारा	हिंदी	दैनिक	25000	जिला
SLR--DLY-7230	दावत टाइम्स	उर्दू	दैनिक	10244	जिला
SLR--DLY-13076	मोहन धारा	हिंदी	दैनिक	16615	जिला
SLR--DLY-6983	सहारा जीवन	हिंदी	दैनिक	16500	जिला

स्रोत : सूचना का अधिकार अधिनियम-2005[107]

उरोक्तसारणी संख्या-44के अनुसार जनपद-अमेठी में स्थानीय स्तर पर छह समाचार-पत्र प्रकाशित हो रहे है। इसके अतिरिक्त राष्ट्रीय मीडिया अपने स्तर पर पहुंच बनाये हुए है।

2.10देवी पाटन मंडल में प्रिंट मीडिया

सारणी संख्या-45

जनपद -बहराइच

पत्र कोड	पत्र का नाम	भाषा	अवधि	प्रसार संख्या	
BHH-DLY-6820	अहदे ई-नाउ	उर्दू	दैनिक	16600	जिला

---

[106]सूचना एवं जन सम्पर्क विभाग, उतरप्रदेश के तहत आरटीआई दिनांक 9 जनवरी 2023

[107]सूचना एवं जन सम्पर्क विभाग, उतरप्रदेश के तहत आरटीआई दिनांक 9 जनवरी 2023

पत्र कोड	पत्र का नाम	भाषा	अवधि	प्रसार संख्या
BHH-DLY--5007	निलय टाइम्स	हिंदी	दैनिक	25000 जिला
BHH-DLY--377	सहेट-महेट	हिंदी	दैनिक	25000 जिला

स्रोत : सूचना का अधिकार अधिनियम-2005[108]

उरोक्त सारणी संख्या-45के अनुसार जनपद-बहराइच में स्थानीय स्तर पर तीन समाचार-पत्र प्रकाशित हो रहे है। इसके अतिरिक्त राष्ट्रीय मीडिया अपने स्तर पर पहुंच बनाये हुए है।

सारणी संख्या-46

जनपद-बलराम पुर

पत्र कोड	पत्र का नाम	भाषा	अवधि	प्रसार संख्या
BLR-DLY-13439	बलरामपुर एक्सप्रेस	उर्दू	दैनिक	15050 जिला
BHH-DLY--392	बलरामपुर तरंग	हिंदी	दैनिक	32400 जिला
BLR-DLY--6637	सदभावना आवाज़	हिंदी	दैनिक	9050 जिला

स्रोत : सूचना का अधिकार अधिनियम-2005[109]

उरोक्तसारणी संख्या-46के अनुसार जनपद-बलरामपुर में स्थानीय स्तर पर तीन समाचार-पत्र प्रकाशित हो रहे है। इसके अतिरिक्त राष्ट्रीय मीडिया अपने स्तर पर पहुंच बनाये हुए है।

सारणी संख्या-47

जनपद – गोंडा

पत्र कोड	पत्र का नाम	भाषा	अवधि	प्रसार संख्या
GND-DLY-280	अदब टाइम्स	उर्दू	दैनिक	25000 जिला
GND-DLY--5279	अहदे-इ-नाउ	उर्दू	दैनिक	16500 जिला
GND--DLY--6963	आवाज़ ए गली	उर्दू	दैनिक	16300 जिला
GND---DLY-7600	चांद दीदार	उर्दू	दैनिक	5350 जिला
GND---DLY-277	त्रिगुट	हिंदी	दैनिक	25000 जिला
GND---DLY-7599	प्रभात नमन	हिंदी	दैनिक	5200 जिला
GND---DLY-278	मदर गोंडा	हिंदी	दैनिक	25000 जिला
GND---DLY-2792	स्ट्रांग न्यूज़	हिंदी	दैनिक	15900 जिला
GND---DLY-8267	संदौली टाइम्स	हिंदी	दैनिक	15200 जिला
GND---DLY-282	सलारे-ए-आवाज़	उर्दू	दैनिक	25000 जिला

स्रोत : सूचना का अधिकार अधिनियम-2005[110]

---

[108] सूचना एवं जन सम्पर्क विभाग, उतरप्रदेश के तहत आरटीआई दिनाक 9 जनवरी 2023
[109] सूचना एवं जन सम्पर्क विभाग, उतरप्रदेश के तहत आरटीआई दिनांक 9 जनवरी 2023
[110] सूचना एवं जन सम्पर्क विभाग, उतरप्रदेश के तहत आरटीआई दिनांक 9 जनवरी 2023

उरोक्तसारणी संख्या-47के अनुसार जनपद-गोंडा में स्थानीय स्तर पर दस समाचार-पत्रों प्रकाशन हो रहा है। इसके अतिरिक्त राष्ट्रीय मीडिया अपने स्तर पर पहुंच बनाये हुए है।

सारणी संख्या-48

जनपद – ञ्रावस्ती

पत्र कोड	पत्र का नाम	भाषा	अवधि	प्रसार संख्या
SWT-DLY-13061	उपभोक्ता की दुनिया	हिंदी	दैनिक	16300 जिला
SWT -DLY--2376	शिवगंगा टाइम्स	हिंदी	दैनिक	17200 जिला

स्त्रोत : सूचना का अधिकार अधिनियम-2005[111]

उरोक्तसारणी संख्या-48के अनुसार जनपद-ञ्रावस्ती में स्थानीय स्तर पर दो समाचार-पत्र प्रकाशित हो रहे है। इसके अतिरिक्त राष्ट्रीय मीडिया अपने स्तर पर पहुंच बनाये हुए है।

2.11आगरा मंडल में प्रिंट मीडिया

सारणी संख्या-49

जनपद- आगरा

पत्र कोड	पत्र का नाम	भाषा	अवधि	प्रसार संख्या
AGR-DLY-3751	आग्र भारत	हिंदी	दैनिक	51618 मंडल
AGR -DLY--3782	अपनी तनजीम आगरा	उर्द	दैनिक	25500 जिला
AGR -DLY--8389	अमर उजाला	हिंदी	दैनिक	160033 मंडल
AGR -DLY--8325	अमर भारती	हिंदी	दैनिक	65353 मंडल
AGR -DLY--5920	आई नेक्स्ट	अंग्रेजी	दैनिक	11146 जिला
AGR -DLY--391	आज	हिंदी	दैनिक	13445 जिला
AGR -DLY--4261	इंकी साफ़	उर्द	दैनिक	25000 जिला
AGR -DLY--393	उजाला	हिंदी	दैनिक	14113 जिला
AGR -DLY--5084	जनप्रवाचक	हिंदी	दैनिक	15245 जिला
AGR -DLY--390	जागरण (आगरा)	हिंदी	दैनिक	90668 मंडल
AGR -DLY--3229	डी.एल.ए.	हिंदी	दैनिक	146159 मंडल
AGR -DLY--5671	तस्वीरे-ए- भारत	हिंदी	दैनिक	26196 जिला
AGR -DLY--6512	द शी एक्सप्रेस	हिंदी	दैनिक	16110 जिला
AGR -DLY--405	देशरत्न	हिंदी	दैनिक	15208 जिला
AGR -DLY—403	दाता संदेश	हिंदी	दैनिक	37097 जिला
AGR -DLY—3816	दीक्षित टाइम्स	हिंदी	दैनिक	25000 जिला
AGR -DLY—397	निशा नरेश	हिंदी	दैनिक	42916 जिला

---

[111]सूचना एवं जन सम्पर्क विभाग, उतरप्रदेश के तहत आरटीआई दिनांक 9 जनवरी 2023

AGR -DLY—6489	प्रतियोगी भारत	हिंदी	दैनिक	15320 जिला
AGR -DLY—7114	प्रवभन्जन संकेत	उर्दू	दैनिक	25000 जिला
AGR -DLY—6589	पुष्प सवेरा	हिंदी	दैनिक	25128 जिला
AGR -DLY—6864	फोकस टुडे	हिंदी	दैनिक	23379 जिला
AGR -DLY—6514	भूचिंतक	हिंदी	दैनिक	15240 जिला
AGR -DLY—13075	मीडिया बेसिक एनालिस्ट	हिंदी	दैनिक	5580 जिला
AGR -DLY—7298	रामरजन संदेश	उर्दू	दैनिक	5420 जिला
AGR -DLY—4043	राजदीप संदेश	हिंदी	दैनिक	36500 जिला
AGR -DLY—6061	राजदीप सन्देश	उर्दू	दैनिक	16600 जिला
AGR -DLY—5898	सच का उजाला	हिंदी	दैनिक	19169 जिला
AGR -DLY—13097	समय संकेत	हिंदी	दैनिक	15280 जिला
AGR -DLY—3909	सुल हकुल	उर्दू	दैनिक	51371 मंडल
AGR -DLY—6684	स्वदेश	हिंदी	दैनिक	25000 जिला
AGR -DLY—2871	सवेरा	हिंदी	दैनिक	63747 जिला
AGR -DLY—395	स्वराज टाइम्स	हिंदी	दैनिक	39217 जिला
AGR -DLY—3896	हिंदुस्तान	हिंदी	दैनिक	86860 मंडल

स्त्रोत : सूचना का अधिकार अधिनियम-2005[112]

उरोक्तसारणी संख्या-49के अनुसार जनपद-आगरा में स्थानीय स्तर पर इक्तालीस समाचार-पत्रों काप्रकाशन हो रहा है। इसके अतिरिक्त राष्ट्रीय मीडिया अपने स्तर पर पहुंच बनाये हुए है।

सारणी संख्या-50

जनपद- फिरोजाबाद

पत्र कोड	पत्र का नाम	भाषा	अवधि	प्रसार संख्या
FRJ -DLY-6978	प्रवज्जन दूत	हिंदी	दैनिक	51450 मंडल
FRJ -DLY--528	सच क्या है?	हिंदी	दैनिक	25000 जिला
FRJ -DLY--5110	समय भास्कर	हिंदी	दैनिक	15498 जिला
FRJ -DLY--527	सुहाग टाइम्स	हिंदी	दैनिक	25000 जिला

स्त्रोत : सूचना का अधिकार अधिनियम-2005[113]

उरोक्तसारणी संख्या-50के अनुसार जनपद-फिरोजाबाद में स्थानीय स्तर पर चार समाचार-पत्र प्रकाशित हो रहे है। इसके अतिरिक्त राष्ट्रीय मीडिया अपने स्तर पर पहुंच बनाये हुए है।

सारणी संख्या-51

जनपद- मैनपुरी

पत्र कोड	पत्र का नाम	भाषा	अवधि	प्रसार संख्या
MNP -DLY-4577	अपनी तनजीम	उर्दू	दैनिक	15500 जिला

---

[112]सूचना एवं जन सम्पर्क विभाग, उतरप्रदेश के तहत आरटीआई दिनांक 9 जनवरी 2023
[113]सूचना एवं जन सम्पर्क विभाग, उतरप्रदेश के तहत आरटीआई दिनांक 9 जनवरी 2023

पत्र कोड	पत्र का नाम	भाषा	अवधि	प्रसार संख्या	
MNP - -DLY--6598	ध्वज भारती	हिंदी	दैनिक	15510	जिला
MNP - -DLY--7271	मैसेज ब्यूरो	हिंदी	दैनिक	14300	जिला
MNP - -DLY--5933	वाइस ऑफ मैनपुरी	उर्दू	दैनिक	15400	जिला

स्रोत : सूचना का अधिकार अधिनियम-2005[114]

उरोक्तसारणी संख्या-51के अनुसार जनपद-मैनपुरी में स्थानीय स्तर पर चार समाचार-पत्र प्रकाशित हो रहे है। इसके अतिरिक्त राष्ट्रीय मीडिया अपने स्तर पर पहुंच बनाये हुए है।

सारणी संख्या-52

जनपद- मथुरा

पत्र कोड	पत्र का नाम	भाषा	अवधि	प्रसार संख्या	
MTR -DLY-7354	छोटी सी बात	हिंदी	दैनिक	15250	जिला
MTR - - -DLY--689	ब्रज उपहार	हिंदी	दैनिक	6000	जिला
MTR - - -DLY--6868	ब्रज गरिमा	हिंदी	दैनिक	14583	जिला
MTR - - -DLY--687	राजपथ	हिंदी	दैनिक	25000	जिला

स्रोत : सूचना का अधिकार अधिनियम-2005[115]

उरोक्तसारणी संख्या-52के अनुसार जनपद-मथुरा में स्थानीय स्तर पर चार समाचार-पत्र प्रकाशित हो रहे है। इसके अतिरिक्त राष्ट्रीय मीडिया अपने स्तर पर पहुंच बनाये हुए है।

2.12 आजमगढ़ मंडलमें प्रिंट मीडिया

सारणी संख्या-53

जनपद- आजमगढ़

पत्र कोड	पत्र का नाम	भाषा	अवधि	प्रसार संख्या	
AZR-DLY-4112	अवधनामा उर्दू	उर्दू	दैनिक	2000	जिला
AZR- -DLY--6457	आग	उर्दू	दैनिक	5127	जिला
AZR- -DLY--6984	आजमगढ़ टाइम्स	उर्दू	दैनिक	24450	जिला
AZR- -DLY--8372	आजमगढ़ समय	हिंदी	दैनिक	18000	जिला
AZR- -DLY--5321	उंची खोज आजमगढ़	हिंदी	दैनिक	25000	जिला
AZR- -DLY--5112	जमीनी सच	उर्दू	दैनिक	20484	जिला
AZR- -DLY--102	तमशा श्रेष्ठ	हिंदी	दैनिक	15825	जिला
AZR- -DLY--88	दैनिक रणतुरय	हिंदी	दैनिक	22500	जिला
AZR- -DLY--92	देवतरथ	हिंदी	दैनिक	24169	जिला
AZR- -DLY--5342	देवल	हिंदी	दैनिक	25000	जिला
AZR- -DLY--95	देश की आन आजमगढ़	हिंदी	दैनिक	66574	मंडल
AZR- -DLY--8342	युग जागरण	हिंदी	दैनिक	15100	जिला

---

[114] सूचना एवं जन सम्पर्क विभाग, उतरप्रदेश के तहत आरटीआई दिनांक 9 जनवरी 2023

[115] सूचना एवं जन सम्पर्क विभाग, उतरप्रदेश के तहत आरटीआई दिनांक 9 जनवरी 2023

पत्र कोड	पत्र का नाम	भाषा	अवधि	प्रसार संख्या	
AZR- -DLY--8024	रण पूजा	हिंदी	दैनिक	15200	जिला
AZR- -DLY--109	सरदार टाइम्स	उर्दू	दैनिक	25000	जिला
AZR- -DLY--3676	स्वतंत्र चेतना	हिंदी	दैनिक	35419	जिला

स्त्रोत : सूचना का अधिकार अधिनियम-2005[116]

उरोक्तसारणी संख्या-53के अनुसार जनपद-आजमगढ़ में स्थानीय स्तर पर पद्रंह समाचार-पत्र प्रकाशित हो रहे है। इसके अतिरिक्त राष्ट्रीय मीडिया अपने स्तर पर पहुंच बनाये हुए है।

सारणी संख्या-54

जनपद-बलिया

पत्र कोड	पत्र का नाम	भाषा	अवधि	प्रसार संख्या	
BLA -DLY-5274	विकास आज	हिंदी	दैनिक	6500	जिला
MTR - DLY--6033	विहान	हिंदी	दैनिक	15650	जिला
MTR - DLY--177	शेरे बलिया	हिंदी	दैनिक	5110	जिला
MTR - DLY--6491	सुल्तान ए अवध	उर्दू	दैनिक	16000	जिला

स्त्रोत : सूचना का अधिकार अधिनियम-2005[117]

उरोक्त सारणी संख्या-54के अनुसार जनपद-बलिया में स्थानीय स्तर पर चार समाचार-पत्र प्रकाशित हो रहे है। इसके अतिरिक्त राष्ट्रीय मीडिया अपने स्तर पर पहुंच बनाये हुए है।

सारणी संख्या-55

जनपद-मऊ

पत्र कोड	पत्र का नाम	भाषा	अवधि	प्रसार संख्या	
MAB -DLY-6460	भ्रम खोज	हिंदी	दैनिक	10112	जिला
MTR -DLY--7651	राष्ट्र की परंपरा	हिंदी	दैनिक	15250	जिला

स्त्रोत : सूचना का अधिकार अधिनियम-2005[118]

उरोक्तसारणी संख्या-55के अनुसार जनपद-मऊ में स्थानीय स्तर पर दो समाचार-पत्र प्रकाशित हो रहे है। इसके अतिरिक्त राष्ट्रीय मीडिया अपने स्तर पर पहुंच बनाये हुए है।

2.13 इलाहाबाद मंडल में प्रिंट मीडिया

सारणी संख्या-56

जनपद- प्रयागराज

---

[116] सूचना एवं जन सम्पर्क विभाग, उत्तरप्रदेश के तहत आरटीआई दिनांक 9 जनवरी 2023
[117] सूचना एवं जन सम्पर्क विभाग, उत्तरप्रदेश के तहत आरटीआई दिनांक 9 जनवरी 2023
[118] सूचना एवं जन सम्पर्क विभाग, उत्तरप्रदेश के तहत आरटीआई दिनांक 9 जनवरी 2023

पत्र कोड	पत्र का नाम	भाषा	अवधि	प्रसार संख्या
ALD -DLY-5029	अभिनव भारत संदेश	हिंदी	दैनिक	15200 जिला
ALD -DLY-6115	अमृतकलश	हिंदी	दैनिक	20000 जिला
ALD -DLY-1453	अमृतप्रभात	हिंदी	दैनिक	24300 जिला
ALD -DLY-2375	उमर उजाला	हिंदी	दैनिक	11590 मंडल
ALD -DLY-5304	अलमुमीन (इलाहाबाद)	उर्दू	दैनिक	14900 जिला
ALD -DLY-2796	ऑवर लीडर	अंग्रेजी	दैनिक	25000 जिला
ALD -DLY-5917	आई नेक्स्ट	अंग्रेजी	दैनिक	27745 जिला
ALD -DLY-2306	आज	हिंदी	दैनिक	26722 जिला
ALD -DLY-13398	आहीनिक वार्ता पत्रम	संस्कृत	दैनिक	5100 जिला
ALD -DLY-4120	इलाहाबाद उजाला	हिंदी	दैनिक	25000 जिला
ALD -DLY-5717	इलाहाबाद एक्सप्रेस	हिंदी	दैनिक	25000 जिला
ALD -DLY-2769	कौमी मुकाम	उर्दू	दैनिक	25000 जिला
ALD -DLY-4167	कौमी मंजिल (इलाहाबाद)	उर्दू	दैनिक	87132 मंडल
ALD -DLY-4759	कौशबी टाइम्स	हिंदी	दैनिक	25000 जिला
ALD -DLY-2302	चेतना विचारधारा	हिंदी	दैनिक	46302 जिला
ALD -DLY-8317	जनसंदेश टाइम्स	हिंदी	दैनिक	30873 जिला
ALD -DLY-5934	जनमोर्चा	हिंदी	दैनिक	2216 जिला
ALD -DLY-8021	जस्टिस एक्सप्रेस	अंग्रेजी	दैनिक	25000 जिला
ALD -DLY-1437	जागरण (इलाहाबाद)	हिंदी	दैनिक	80175 मंडल
ALD -DLY-14715	जीवन एक्सप्रेस	अंग्रेजी	दैनिक	25000 जिला
ALD -DLY-5586	डेली न्यूज एक्टिवीट्स	हिंदी	दैनिक	45000 जिला
ALD -DLY-2529	तीरथ राष्ट्र टाइम्स	हिंदी	दैनिक	25000 जिला
ALD –DLY-4011	न्याय का पहरी	हिंदी	दैनिक	990200 मंडल
ALD –DLY-1451	न्यायधीश	हिंदी	दैनिक	130689 मंडल
ALD –DLY-1457	नॉदन इंडिया पत्रिका	अंग्रेजी	दैनिक	23950 जिला
ALD –DLY-13355	प्रयाग पुंज	हिंदी	दैनिक	16200 जिला
ALD –DLY-4015	प्रयागराज टाइम्स	हिंदी	दैनिक	25000 जिला
ALD –DLY-6492	बुलंद दस्तक	हिंदी	दैनिक	24000 जिला
ALD –DLY-8036	भारत संवाद	हिंदी	दैनिक	24300 जिला
ALD –DLY-7646	मंत्र भारत	हिंदी	दैनिक	15000 जिला
ALD –DLY-1441	यूनाइटेड भारत	हिंदी	दैनिक	25000 जिला
ALD –DLY-3255	यूनिवर्सिटी स्टुडेंट एक्सप्रेस	हिंदी	दैनिक	41536 जिला
ALD –DLY-6691	राष्ट्रीय पथ	हिंदी	दैनिक	15200 जिला
ALD –DLY-1445	रोजाना सफीर ए नभ	उर्दू	दैनिक	15500 जिला
ALD –DLY-13899	वॉइस ऑफ इलाहाबाद	हिंदी	दैनिक	15000 जिला
ALD –DLY-5333	वाहिदा रहमत	उर्दू	दैनिक	5101 जिला

पत्र कोड	पत्र का नाम	भाषा	अवधि	प्रसार संख्या	
ALD –DLY-5108	शफक	उर्दू	दैनिक	161318	जिला
ALD –DLY-13905	सुभांजलि प्रभा	हिंदी	दैनिक	3300	जिला
ALD –DLY-4239	शहर ए अमन	उर्दू	दैनिक	25000	जिला
ALD –DLY-2803	संगम ज्योति	हिंदी	दैनिक	45350	जिला
ALD –DLY-4720	संगम प्रवाह	हिंदी	दैनिक	16250	जिला
ALD –DLY-13910	संगम प्रवाह	उर्द	दैनिक	15150	जिला
ALD –DLY-7063	सुपर फॉस्ट टाइम्स	हिंदी	दैनिक	17610	जिला
ALD –DLY-5859	समय दुनिया	हिंदी	दैनिक	15179	जिला
ALD –DLY-2301	स्वतंत्र चेतना	हिंदी	दैनिक	55853	जिला
ALD –DLY-6064	सहज चेतना	हिंदी	दैनिक	65236	मंडल
ALD –DLY-5308	सहज सत्ता	हिंदी	दैनिक	15300	जिला
ALD –DLY-6125	सहज स्वराज	हिंदी	दैनिक	15100	जिला
ALD –DLY-5334	सिरातल ए हिंद	उर्द	दैनिक	15100	जिला
ALD –DLY-13929	हुमा हिरा	उर्द	दैनिक	15100	जिला
ALD –DLY-5729	हमारी मशाल	उर्द	दैनिक	15150	जिला
ALD –DLY-4031	हिंदुस्तान	हिंदी	दैनिक	36825	मंडल

स्त्रोत : सूचना का अधिकार अधिनियम-2005[119]

उरोक्तसारणी संख्या-56के अनुसार जनपद-प्रयागराज में स्थानीय स्तर पर बावन समाचार-पत्र प्रकाशित हो रहे है। इसके अतिरिक्त राष्ट्रीय मीडिया अपने स्तर पर पहुंच बनाये हुए है।

सारणी संख्या-57

जनपद-फतेहपुर

पत्र कोड	पत्र का नाम	भाषा	अवधि	प्रसार संख्या	
FTR -DLY-1638	अनवारे कौम	उर्दू	दैनिक	5618	जिला
FTR -DLY-13909	अमर चेतना	हिंदी	दैनिक	15650	जिला
FTR -DLY-13424	कैसी दुनिया	हिंदी	दैनिक	15025	जिला
FTR -DLY-5594	जनकदम	हिंदी	दैनिक	70000	जिला
FTR -DLY-13999	जमनटाइम्स	हिंदी	दैनिक	15054	जिला
FTR -DLY-13087	डेजी टाइम्स	हिंदी	दैनिक	15100	जिला
FTR -DLY-1636	दोआबा वार्ता	हिंदी	दैनिक	18808	जिला
FTR -DLY-6101	न्यूज़वाणी	हिंदी	दैनिक	15200	जिला
FTR -DLY-6040	प्रभात व्यूज़	हिंदी	दैनिक	25000	जिला
FTR -DLY-13392	परिवर्तन टाइम्स	हिंदी	दैनिक	15100	जिला
FTR -DLY-7679	युग जागरण	हिंदी	दैनिक	15100	जिला
FTR -DLY-13082	रजत एक्सप्रेस	हिंदी	दैनिक	15500	जिला
FTR -DLY-5027	लबोलुहाब	उर्द	दैनिक	25000	जिला
FTR -DLY-50033	संचार प्रकाश	उर्द	दैनिक	25000	जिला
FTR -DLY-6485	हर्फ दर हर्फ	उर्द	दैनिक	25000	जिला

---

[119] सूचना एवं जन सम्पर्क विभाग, उतरप्रदेश के तहत आरटीआई दिनांक 9 जनवरी 2023

स्रोत : सूचना का अधिकार अधिनियम-2005[120]

उरोक्तसारणी संख्या-58के अनुसार जनपद-फतेहपुर में स्थानीय स्तर पर पंद्रह समाचार-पत्र प्रकाशित हो रहे है। इसके अतिरिक्त राष्ट्रीय मीडिया अपने स्तर पर पहुंच बनाये है।

सारणी संख्या-59

जनपद-कोशांबी

पत्र कोड	पत्र का नाम	भाषा	अवधि	प्रसार संख्या
KSB -DLY-13070	लोक मित्र	हिंदी	दैनिक	15500 जिला

स्रोत : सूचना का अधिकार अधिनियम-2005[121]

उरोक्तसारणी संख्या-57के अनुसार जनपद-कोशांबी में स्थानीय स्तर पर एक समाचार-पत्र प्रकाशित हो रहे है। इसके अतिरिक्त राष्ट्रीय मीडिया अपने स्तर पर पहुंच बनाये हुए है।

सारणी संख्या-60

जनपद-प्रतापगढ़

पत्र कोड	पत्र का नाम	भाषा	अवधि	प्रसार संख्या
PTR -DLY-3818	अमृतबाण	हिंदी	दैनिक	16437 जिला
PTR -DLY-8374	अमितमेल	हिंदी	दैनिक	15300 जिला
PTR -DLY-5325	दावत टाइम्स	उर्दू	दैनिक	16600 जिला
PTR -DLY-13427	न्यूज स्टेंडेड	हिंदी	दैनिक	16150 जिला
PTR -DLY-13402	ब्रज बिमला वाणी	हिंदी	दैनिक	15850 जिला
PTR -DLY-1483	लोकमित्र	हिंदी	दैनिक	35415 जिला
PTR -DLY-7283	सदा ए मजलूम	उर्दू	दैनिक	15100 जिला
PTR -DLY-5853	हरमैन टाइम्स	उर्दू	दैनिक	15200 जिला

स्रोत : सूचना का अधिकार अधिनियम-2005[122]

उरोक्तसारणी संख्या-60के अनुसार जनपद-प्रतापगढ़ में स्थानीय स्तर पर आठ समाचार-पत्र प्रकाशित हो रहे है। इसके अतिरिक्त राष्ट्रीय मीडिया अपने स्तर पर पहुंच बनाये हुए है।

---

[120] सूचना एवं जन सम्पर्क विभाग, उतरप्रदेश के तहत आरटीआई दिनांक 9 जनवरी 2023

[121] सूचना एवं जन सम्पर्क विभाग, उतरप्रदेश के तहत आरटीआई दिनांक 9 जनवरी 2023

[122] सूचना एवं जन सम्पर्क विभाग, उतरप्रदेश के तहत आरटीआई दिनांक 9 जनवरी 2023

2.14 कानपुर मंडल में प्रिंट मीडिया

सारणी संख्या-61

जनपद-औरया

पत्र कोड	पत्र का नाम	भाषा	अवधि	प्रसार संख्या
ARY -DLY-6701	इंडियन रीडर न्यूज	हिंदी	दैनिक	13750 जिला
ARY -DLY-6694	सत्ता एक्सप्रेस	उर्दू	दैनिक	15827 जिला

स्त्रोत : सूचना का अधिकार अधिनियम-2005[123]

उरोक्तसारणी संख्या-61के अनुसार जनपद-औरया में स्थानीय स्तर पर दो समाचार-पत्र प्रकाशित हो रहे है। इसके अतिरिक्त राष्ट्रीय मीडिया अपने स्तर पर पहुंच बनाये हुए है।

सारणी संख्या-62

जनपद- इटावा

पत्र कोड	पत्र का नाम	भाषा	अवधि	प्रसार संख्या
ETW -DLY-13482	कंरट विज़न	हिंदी	दैनिक	15900 जिला
ETW -DLY-6529	जमीनी आवाज़	उर्दू	दैनिक	15300 जिला
ETW -DLY-5100	आज का विचार, राष्ट्रीय विचार	हिंदी	दैनिक	20500 जिला
ETW -DLY-1538	देश धर्म	हिंदी	दैनिक	25000 जिला
ETW -DLY-4148	दिगवार्ता	हिंदी	दैनिक	19733 जिला
ETW -DLY-1539	दिनरात	हिंदी	दैनिक	20046 जिला
ETW -DLY-6483	पैगाम ए अजीज	उर्दू	दैनिक	16500 जिला
ETW -DLY-1542	माधव संदेश	हिंदी	दैनिक	15600 जिला
ETW -DLY-1540	सवेरा	हिंदी	दैनिक	42025 जिला

स्त्रोत : सूचना का अधिकार अधिनियम-2005

उरोक्तसारणी संख्या-62के अनुसार जनपद-इटावा में स्थानीय स्तर पर नौ समाचार-पत्र प्रकाशित हो रहे है। इसके अतिरिक्त राष्ट्रीय मीडिया अपने स्तर पर पहुंच बनाये हुए है।

सारणी संख्या-63

जनपद-फरूखाबाद

पत्र कोड	पत्र का नाम	भाषा	अवधि	प्रसार संख्या
FRD -DLY-6091	युथ इंडिया	हिंदी	दैनिक	18000 जिला

---

[123]सूचना एवं जन सम्पर्क विभाग, उत्तरप्रदेश के तहत आरटीआई दिनांक 9 जनवरी 2023

| FRD -DLY-6940 | सियासत दूत | उर्दू | दैनिक | 152550 जिला |

स्त्रोत : सूचना का अधिका अधिनियम-20005[124]

उरोक्तसारणी संख्या-63 के अनुसार जनपद-फरूखाबाद में स्थानीय स्तर पर दो समाचार-पत्र प्रकाशित हो रहे है। इसके अतिरिक्त राष्ट्रीय मीडिया अपने स्तर पर पहुंच बनाये है।

सारणी संख्या-64

जनपद- कानपुर देहात

पत्र कोड	पत्र का नाम	भाषा	अवधि	प्रसार संख्या
KND -DLY-6607	अग्नि चरण	हिंदी	दैनिक	15375 जिला
KND -DLY-13376	अमन यात्रा	हिंदी	दैनिक	15800 जिला
KND -DLY-5302	नगराज दर्पण	हिंदी	दैनिक	15875 जिला
KND -DLY-6089	सत्ता एक्सप्रेस	हिंदी	दैनिक	15735 जिला

स्त्रोत : सूचना का अधिकार अधिनियम-2005[125]

उरोक्तसारणी संख्या-64 के अनुसार जनपद-कानपुर देहात में स्थानीय स्तर पर चार समाचार-पत्र प्रकाशित हो रहे है। इसके अतिरिक्त राष्ट्रीय मीडिया अपने स्तर पर पहुंच बनाये है।

सारणी संख्या-65

जनपद- कन्नौज

पत्र कोड	पत्र का नाम	भाषा	अवधि	प्रसार संख्या
KNJ-DLY-6403	आवामी तुर्जमान	उर्दू	दैनिक	15100 जिला
KNJ-DLY-6608	देश प्रदेश संदेश	उर्दू	दैनिक	24300 जिला
KNJ-DLY-5665	मैसेज ब्यूरो	हिंदी	दैनिक	24300 जिला
KNJ-DLY-5883	माधव संदेश	हिंदी	दैनिक	25500 जिला

स्त्रोत : सूचना का अधिकार अधिनियम-2005[126]

उरोक्तसारणी संख्या-65के अनुसार जनपद-कन्नौज में स्थानीय स्तर पर चार समाचार-पत्र प्रकाशित हो रहे है। इसके अतिरिक्त राष्ट्रीय मीडिया अपने स्तर पर पहुंच बनाये हुए है।

सारणी संख्या-66

जनपद- कानपुर

पत्र कोड	पत्र का नाम	भाषा	अवधि	प्रसार संख्या
KNP-DLY-8048	अंतरागिनी	हिंदी	दैनिक	16800 जिला

---

[124] सूचना एवं जन सम्पर्क विभाग, उतरप्रदेश के तहत आरटीआई दिनांक 9 जनवरी 2023

[125] सूचना एवं जन सम्पर्क विभाग, उतरप्रदेश के तहत आरटीआई दिनांक 9 जनवरी 2023

[126] सूचना एवं जन सम्पर्क विभाग, उतरप्रदेश के तहत आरटीआई दिनांक 9 जनवरी 2023

KNP-DLY-6197	अनवारे कौम	हिंदी	दैनिक	25000 जिला
KNP-DLY-910	अनवार ए कौम	उर्दू	दैनिक	15959 मंडल
KNP-DLY-1361	अमर उजाला	हिंदी	दैनिक	262837 मंडल
KNP-DLY-915	अमल	उर्दू	दैनिक	14553 जिला
KNP-DLY-13415	आयोध्या टाइम्स	हिंदी	दैनिक	18150
KNP-DLY-5908	आई नेक्स्ट	अंग्रेजी	दैनिक	35533 जिला
KNP-DLY-5754	आग	उर्दू	दैनिक	5114 जिला
KNP-DLY-1362	आज	हिंदी	दैनिक	65182 मंडल
KNP-DLY-5384	आजाद नुमाइंद	उर्दू	दैनिक	15582 जिला
KNP-DLY-5106	आवाज ए अवध	उर्दू	दैनिक	25000 जिला
KNP-DLY-2805	कम्पू मैल	हिंदी	दैनिक	579414 मंडल
KNP-DLY-1364	कानपर उजाला	हिंदी	दैनिक	15215 मंडल
KNP-DLY-13066	कानपुर की जुंबान	उर्दू	दैनिक	15400 जिला
KNP-DLY-7357	खरीखसौटी	हिंदी	दैनिक	50708 मंडल
KNP-DLY-6801	खुशनवां ए शान	उर्दू	दैनिक	25531 जिला
KNP-DLY-5109	खोजी नारद	हिंदी	सांध्य	6025 जिला
KNP-DLY-4222	गाथा	हिंदी	दैनिक	15048 जिला
KNP-DLY-1366	चेतना विचारधारा	हिंदी	दैनिक	29558 जिला
KNP-DLY-5591	जनसंदेश टाइम्स	हिंदी	दैनिक	63671 जिला
KNP-DLY-5385	जनलोक चिंतक	हिंदी	दैनिक	15311 जिला
KNP-DLY-1359	जागरण कानपुर	हिंदी	दैनिक	317771 मंडल
KNP-DLY-5733	डेली न्यूज एक्टिविट्स	हिंदी	दैनिक	73958 जिला
KNP-DLY-7601	तस्वीर आजकल	हिंदी	दैनिक	8000 जिला
KNP-DLY-925	तहरीक ए आवाम	उर्दू	दैनिक	15318 जिला
KNP-DLY-13408	द बुलैट टाइम्स	हिंदी	दैनिक	10100 जिला
KNP-DLY-5771	नगराज दर्पण	हिंदी	दैनिक	15845 जिला
KNP-DLY-1368	नवदिवस	हिंदी	दैनिक	23211 जिला
KNP-DLY-8508	नवभारत टाइम्स	हिंदी	दैनिक	27975 जिला
KNP-DLY-8331	नवीन सीमा	हिंदी	दैनिक	7500 जिला
KNP-DLY-6062	निर्भीक	हिंदी	दैनिक	5260 जिला
KNP-DLY-909	पैगाम	हिंदी	दैनिक	24480 जिला
KNP-DLY-1416	प्रमाण दैनिक	हिंदी	दैनिक	22200 जिला
KNP-DLY-7231	पूर्वाचल आंचल	हिंदी	दैनिक	15550 जिला
KNP-DLY-13426	बक्शी टाइम्स	हिंदी	दैनिक	15100 जिला
KNP-DLY-1991	मता-ए- आखिररत	उर्दू	दैनिक	16315 जिला
KNP-DLY-5229	राष्ट्रीय स्वरूप	हिंदी	दैनिक	25500 जिला
KNP-DLY-3659	राष्ट्रीय सहारा	हिंदी	दैनिक	46936 मंडल
KNP-DLY-5756	रोजनामा राष्ट्रीय सहारा	उर्दू	दैनिक	42441 जिला
KNP-DLY-1415	लोकभारती	हिंदी	दैनिक	50020 मंडल
KNP-DLY-1371	लोकजन समाचार	हिंदी	दैनिक	20944 जिला
KNP-DLY-1373	व्यापार संदेश	हिंदी	दैनिक	17210 जिला

पत्र कोड	पत्र का नाम	भाषा	अवधि	प्रसार संख्या	
KNP-DLY-7651	श्रमिक मीमांशा	हिंदी	दैनिक	15487	जिला
KNP-DLY-8014	सैनिक शौर्य	हिंदी	दैनिक	5200	जिला
KNP-DLY-13431	समय व्यूव	हिंदी	दैनिक	6900	जिला
KNP-DLY-3288	स्वतंत्र चेतना	हिंदी	दैनिक	30264	जिला
KNP-DLY-8539	स्वतंत्र बात	हिंदी	दैनिक	53371	मंडल
KNP-DLY-1423	स्वतंत्र भारत	हिंदी	दैनिक	65415	मंडल
KNP-DLY-907	सियासत जदीद	उर्दू	दैनिक	65048	मंडल
KNP-DLY-5035	सियासत दूत	उर्दू	दैनिक	25820	जिला
KNP-DLY-3897	हिंदूस्तान	हिंदी	दैनिक	173452	मंडल

स्त्रोत : सूचना का अधिकार अधिनियम–2005[127]

उरोक्तसारणी संख्या–66के अनुसार जनपद–कानपुर में स्थानीय स्तर एवं राष्ट्रीय स्तरके बावन समाचार-पत्रों काप्रकाशनहो रहा है।इसके अतिरिक्त राष्ट्रीय मीडिया अपने स्तर पर पहुंच बनाये हुए है।

2.15 चित्रकुट धाम मंडल में प्रिंट मीडिया

सारणी संख्या–67

जनपद– बांदा

पत्र कोड	पत्र का नाम	भाषा	अवधि	प्रसार संख्या
BND-DLY-13074	एक संदेश	हिंदी	दैनिक	50406 मंडल
BND-DLY-5587	कौमी मंजिल	उर्दू	दैनिक	55132 मंडल
BND-DLY-212	त्रि-शूल तेज	हिंदी	दैनिक	9546 जिला
BND-DLY-210	नबकर्मयुग	हिंदी	दैनिक	25000 जिला
BND-DLY-8038	बुंदेलखंड उजाला	हिंदी	दैनिक	5500 जिला
BND-DLY-6041	बुंदेलखंड लाइव	हिंदी	दैनिक	15014 जिला
BND-DLY-13891	बुंदेलों की बात	हिंदी	दैनिक	15550 जिला
BND-DLY-215	मंदाकीनी धारा	हिंदी	दैनिक	25000 जिला
BND-DLY-219	श्री इंडिया	हिंदी	दैनिक	18250 जिला

स्त्रोत : सूचना का अधिकार अधिनियम–2005[128]

उरोक्तसारणी संख्या–67के अनुसार जनपद–बांदा में स्थानीय स्तर पर नौ समाचार-पत्र प्रकाशित हो रहे है। इसके अतिरिक्त राष्ट्रीय मीडिया अपने स्तर पर पहुंच बनाये हुए है।

सारणी संख्या–68

जनपद– चित्रकुट

---

[127]सूचना एवं जन सम्पर्क विभाग, उतरप्रदेश के तहत आरटीआई दिनांक 9 जनवरी 2023

[128]सूचना एवं जन सम्पर्क विभाग, उतरप्रदेश के तहत आरटीआई दिनांक 9 जनवरी 2023

पत्र कोड	पत्र का नाम	भाषा	अवधि	प्रसार संख्या
CTK-DLY-6063	कौमी मुकाम	उर्दू	दैनिक	60654 जिला
CTK-DLY-5107	च्वाइंस टाइम्स	हिंदी	दैनिक	25000 जिला
CTK-DLY-7300	चित्रकूट कामदगिरी गौरव	हिंदी	दैनिक	5250 जिला
CTK-DLY-5930	चित्रकूट जदीदवार्ता	उर्दू	दैनिक	5250 जिला
CTK-DLY-1338	बुंलद दस्तक	हिंदी	दैनिक	15100 जिला

स्रोत : सूचना का अधिकार अधिनियम-2005[129]

उरोक्तसारणी संख्या-68के अनुसार जनपद-चित्रकूट में स्थानीय स्तर पर पांच समाचार-पत्र प्रकाशित हो रहे है। इसके अतिरिक्त राष्ट्रीय मीडिया अपने स्तर पर पहुंच बनाये हुए है।

सारणी संख्या-69

जनपद- हमीरपुर

पत्र कोड	पत्र का नाम	भाषा	अवधि	प्रसार संख्या
HMR-DLY-6063	रैडिकल टाइम्स	हिंदी	दैनिक	15166 जिला
HMR --DLY-5755	रूद्राक्ष	उर्दू	दैनिक	15150 जिला
HMR -DLY-238	रूद्राक्ष (दैनिक)	हिंदी	दैनिक	25000 जिला

स्रोत : सूचना का अधिकार अधिनियम-2005[130]

उरोक्तसारणी संख्या-69के अनुसार जनपद-हमीरपुर में स्थानीय स्तर पर तीन समाचार-पत्र प्रकाशित हो रहे है। इसके अतिरिक्त राष्ट्रीय मीडिया अपने स्तर पर पहुंच बनाये हुए है।

सारणी संख्या-70

जनपद- महौबा

पत्र कोड	पत्र का नाम	भाषा	अवधि	प्रसार संख्या
MOHB-DLY-6597	चित्रकूट कानंद गिरी गौरव	हिंदी	दैनिक	15350 जिला

स्रोत : सूचना का अधिकार अधिनियम-2005[131]

उरोक्तसारणी संख्या-70के अनुसार जनपद-महौबा में स्थानीय स्तर पर एक समाचार-पत्र प्रकाशित हो रहा है। इसके अतिरिक्त राष्ट्रीय मीडिया अपने स्तर पर पहुंच बनाये हुए है।

---

[129] सूचना एवं जन सम्पर्क विभाग, उतरप्रदेश के तहत आरटीआई दिनांक 9 जनवरी 2023

[130] सूचना एवं जन सम्पर्क विभाग, उतरप्रदेश के तहत आरटीआई दिनांक 9 जनवरी 2023

[131] सूचना एवं जन सम्पर्क विभाग, उतरप्रदेश के तहत आरटीआई दिनांक 9 जनवरी 2023

2.16झांसी मंडल में प्रिंट मीडिया

सारणी संख्या-71

जनपद- जालौन

पत्र कोड	पत्र का नाम	भाषा	अवधि	प्रसार संख्या
JLN-DLY-381	अग्निचरण	हिंदी	दैनिक	25000 जिला
JLN-DLY-376	कर्मयुग प्रकाश	हिंदी	दैनिक	25293 जिला
JLN-DLY-379	दिवान	हिंदी	दैनिक	60034 जिला
JLN-DLY-13059	रफ़्तार गुफ़्तार	उर्दू	दैनिक	15156 जिला
JLN-DLY-6788	सप्ताह का सफ़र	हिंदी	दैनिक	15050 जिला

स्त्रोत : सूचना का अधिकार अधिनियम-2005[132]

उरोक्तसारणी संख्या-71के अनुसार जनपद-जालौन में स्थानीय स्तर पर पांच समाचार-पत्र प्रकाशित हो रहे है। इसके अतिरिक्त राष्ट्रीय मीडिया अपने स्तर पर पहुंच बनाये हुए है।

सारणी संख्या-72

जनपद- जालौन

पत्र कोड	पत्र का नाम	भाषा	अवधि	प्रसार संख्या
JLN-DLY-381	अग्निचरण	हिंदी	दैनिक	25000 जिला
JLN-DLY-376	कर्मयुग प्रकाश	हिंदी	दैनिक	25293 जिला
JLN-DLY-379	दिवान	हिंदी	दैनिक	60034 जिला
JLN-DLY-13059	रफ़्तार गुफ़्तार	उर्दू	दैनिक	15156 जिला
JLN-DLY-6788	सप्ताह का सफ़र	हिंदी	दैनिक	15050 जिला

स्त्रोत : सूचना का अधिकार अधिनियम-2005[133]

उरोक्तसारणी संख्या-72के अनुसार जनपद-कन्नौज में स्थानीय स्तर पर चार समाचार-पत्र प्रकाशित हो रहे है। इसके अतिरिक्त राष्ट्रीय मीडिया अपने स्तर पर पहुंच बनाये हुए है।

सारणी संख्या-73

जनपद-झांसी

पत्र कोड	पत्र का नाम	भाषा	अवधि	प्रसार संख्या
JNS-DLY-6051	अजिज ए हिंदुस्तान	उर्दू	दैनिक	25000 जिला

---

[132] सूचना एवं जन सम्पर्क विभाग, उतरप्रदेश के तहत आरटीआई दिनांक 9 जनवरी 2023

[133] सूचना एवं जन सम्पर्क विभाग, उतरप्रदेश के तहत आरटीआई दिनांक 9 जनवरी 2023

पत्र कोड	पत्र का नाम	भाषा	अवधि	प्रसार संख्या	
JNS-DLY-256	उमर उजाला	हिंदी	दैनिक	47847	जिला
JNS-DLY-279	इंकिसाफ	उर्दू	दैनिक	51099	मंडल
JNS-DLY-6119	जन जन जागरण	हिंदी	दैनिक	25001	जिला
JNS-DLY-3895	जनता यूनियन	हिंदी	दैनिक	25000	मंडल
JNS-DLY-6096	जनसेवा मेल	हिंदी	दैनिक	72436	मंडल
JNS-DLY-276	जनहित दर्शन	हिंदी	दैनिक	65122	मंडल
JNS-DLY-242	जागरण (झांसी)	हिंदी	दैनिक	73661	मंडल
JNS-DLY-4513	डीएलए	हिंदी	दैनिक	16678	जिला
JNS-DLY-13884	दर्शन पोस्ट	हिंदी	दैनिक	45130	जिला
JNS-DLY-5328	प्रहार का पैहरी	हिंदी	दैनिक	15150	जिला
JNS-DLY-7105	बुंदेलखंड बुलेटिन	हिंदी	दैनिक	16000	जिला
JNS-DLY-4845	बीपीएन टाइम्स	हिंदी	दैनिक	15585	जिला
JNS-DLY-253	भास्कर	हिंदी	दैनिक	25000	जिला
JNS-DLY-4397	मौलिक अधिकार	हिंदी	दैनिक	15310	जिला
JNS-DLY-2691	राष्ट्रबौद्ध	हिंदी	दैनिक	69693	जिला
JNS-DLY-268	लोकपथ	हिंदी	दैनिक	15215	जिला
JNS-DLY-272	विश्वपरिवार	हिंदी	दैनिक	15030	जिला
JNS-DLY-8280	सत्तासुधार	हिंदी	दैनिक	25000	जिला
JNS-DLY-5306	सदा ए- नवी	उर्दू	दैनिक	15300	जिला
JNS-DLY-263	स्वदेश	हिंदी	दैनिक	65198	जिला

स्त्रोत : सूचना का अधिकार अधिनियम–2005[134]

उरोक्त सारणी संख्या-73के अनुसार जनपद-कन्नौज में स्थानीय स्तर पर चार समाचार-पत्र प्रकाशित हो रहे हैं। इसके अतिरिक्त राष्ट्रीय मीडिया अपने स्तर पर पहुंच बनाये हुए है।

सारणी संख्या-74

जनपद- ललितपुर

पत्र कोड	पत्र का नाम	भाषा	अवधि	प्रसार संख्या
LTR-DLY-365	जनप्रिय	हिंदी	दैनिक	16214 जिला
LTR-DLY-4494	सत्तासुधार	हिंदी	दैनिक	25000 जिला

स्त्रोत : सूचना का अधिकार अधिनियम–2005[135]

उरोक्तसारणी संख्या-74के अनुसार जनपद-ललितपुर में स्थानीय स्तर पर दो समाचार-पत्र प्रकाशित हो रहे हैं। इसके अतिरिक्त राष्ट्रीय मीडिया अपने स्तर पर पहुंच बनाये हुए है।

---

[134] सूचना एवं जन सम्पर्क विभाग, उतरप्रदेश के तहत आरटीआई दिनांक 9 जनवरी 2023
[135] सूचना एवं जन सम्पर्क विभाग, उतरप्रदेश के तहत आरटीआई दिनांक 9 जनवरी 2023

2.17 बरेली मंडल में प्रिंट मीडिया

सारणी संख्या-75

जनपद- बदांयू

पत्र कोड	पत्र का नाम	भाषा	अवधि	प्रसार संख्या
DND-DLY-1071	अमर प्रभात	हिंदी	दैनिक	34833 जिला
DND-DLY-2828	बदायूं शिखर	हिंदी	दैनिक	15100 जिला
DND-DLY-5846	हमारी आवाज़	हिंदी	दैनिक	15450 जिला

स्रोत : सूचना का अधिकार अधिनियम-2005[136]

उरोक्तसारणी संख्या-75के अनुसार जनपद-बदांयू में स्थानीय स्तर पर तीन समाचार-पत्र प्रकाशित हो रहे है। इसके अतिरिक्त राष्ट्रीय मीडिया अपने स्तर पर पहुंच बनाये हुए है।

सारणी संख्या-76

जनपद- बरेली

पत्र कोड	पत्र का नाम	भाषा	अवधि	प्रसार संख्या
BRL-DLY-13122	अमृत विचार	हिंदी	दैनिक	37417 जिला
BRI-DLY-1055	अमर उजाला	हिंदी	दैनिक	119366जिला
BRL-DLY-5846	आई नेक्स्ट	अंग्रेजी	दैनिक	10939जिला
BRL-DLY-1062	आज	हिंदी	दैनिक	9348 जिला
BRL-DLY-6222	खुसरो	हिंदी	दैनिक	54050 जिला
BRL-DLY-1065	जनमोर्चा	हिंदी	दैनिक	56257 जिला
BRL-DLY-1059	जागरण बरेली	हिंदी	दैनिक	78630 जिला
BRL-DLY-1068	तर्जुमाने बरेली	उर्दू	दैनिक	25000 मंडल
BRL-DLY-3826	तश्वीर-ए-अ वाम	उर्दू	दैनिक	40800 जिला
BRL-DLY-1058	दिव्य प्रकाश	हिंदी	दैनिक	5550 जिला
BRL-DLY-3820	ब्रज टाइम्स	हिंदी	दैनिक	39800 जिला
BRL-DLY-1063	रोटी राम	हिंदी	दैनिक	56643 जिला
BRL-DLY-3268	शाह टाइम्स बरेली	हिंदी	दैनिक	24121 जिला

[136] सूचना एवं जन सम्पर्क विभाग, उतरप्रदेश के तहत आरटीआई दिनांक 9 जनवरी 2023

BRL-DLY-3830	शीतल ग्रुप संवाद केसरी (अंग्रेजी)	हिंदी	अंग्रेजी	25000 जिला
BRL-DLY-1067	शीतल ग्रुप संवाद केसरी (हिंदी)	हिंदी	दैनिक	25000 जिला
BRL-DLY-4161	हिन्दुस्तान	हिंदी	दैनिक	56992 जिला

स्त्रोत : सूचना का अधिकार अधिनियम-2005[137]

उरोक्त सारणी संख्या-76 के अनुसार जनपद-बरेली में स्थानीय स्तर एवं राष्ट्रीय स्तरके सत्तरह समाचार-पत्रों काप्रकाशनहो है।इसके अतिरिक्त राष्ट्रीय मीडिया अपने स्तर पर पहुंच बनाये हुए है।

सारणी संख्या-77

जनपद पीलीभीत

पत्र कोड	पत्र का नाम	भाषा	अवधि	प्रसार संख्या
PLT-DLY-6829	अर्ज-ओ-समा	उर्दू	दैनिक	17400 जिला
PLT-DLY-2831	जन विश्वास	हिंदी	दैनिक	25000 जिला

स्त्रोत : सूचना का अधिकार अधिनियम-2005[138]

उपरोक्त सारणी संख्या-77के अनुसार जनपद-पीलीभीत में स्थानीय स्तर पर दो समाचार-पत्र प्रकाशित हो रहे हैं। इसके अतिरिक्त राष्ट्रीय मीडिया अपने स्तर पर पहुंच बनाये हुए है।

सारणी संख्या-78

जनपद-शाहजहांपुर

पत्र कोड	पत्र का नाम	भाषा	अवधि	प्रसार संख्या
SHPR-DLY-8030	पिहानी टाइम्स	उर्दू	दैनिक	5039 जिला
SHPR--DLY-4464	बदायूं अमरप्रभात	हिंदी	दैनिक	25000 जिला
SHPR--DLY-7344	रेड अलर्ट ब्यूरो	हिंदी	दैनिक	25000 जिला
SHPR--DLY-4923	शेखर टाइम्स	हिंदी	दैनिक	5217 जिला
SHPR--DLY-6035	संचार प्रकाश	उर्दू	दैनिक	25000 जिला
SHPR--DLY-6929	सन्दौली टाइम्स	हिंदी	दैनिक	15100 जिला

---

[137] सूचना एवं जन सम्पर्क विभाग, उतरप्रदेश के तहत आरटीआई दिनांक 9 जनवरी 2023
[138] सूचना एवं जन सम्पर्क विभाग, उतरप्रदेश के तहत आरटीआई दिनांक 9 जनवरी 2023

स्रोत : सूचना का अधिकार अधिनियम-2005[139]

उपरोक्तसारणी संख्या-79के अनुसार जनपद-शाहजहांपुर में स्थानीय स्तर पर छह समाचार-पत्र प्रकाशित हो रहे हैं। इसके अतिरिक्त राष्ट्रीय मीडिया अपने स्तर पर पहुंच बनाये हुए है।

2.18बस्ती मंडल में प्रिंट मीडिया

सारणी संख्या-80

जनपद-बस्ती

पत्र कोड	पत्र का नाम	भाषा	अवधि	प्रसार संख्या
BST-DLY-4529	अनुराग लक्ष्य	हिंदी	दैनिक	5376 जिला
BST-DLY-13137	अवध नगरी	हिंदी	दैनिक	7300 जिला
BST-DLY-4526	कौटिल्य का भारत	हिंदी	दैनिक	25000 जिला
BST-DLY-6494	ख्वाजा एक्सप्रेस	हिंदी	दैनिक	50535 जिला
BST-DLY-4384	जलते चिराग	उर्दू	दैनिक	39180 जिला
BST-DLY-712	नारद चर्चा (बस्ती)	हिंदी	दैनिक	15200 जिला
BST-DLY-709	प्रकाश टाइम्स	हिंदी	दैनिक	20750 जिला
BST-DLY-3811	मताए आखिरत	उर्दू	दैनिक	15619 जिला
BST-DLY-710	भारतीय बस्ती	हिंदी	दैनिक	15700 जिला
BST-DLY-5649	विचार परक	हिंदी	दैनिक	11275 जिला
BST-DLY-6140	सद्भावना काप्रतीक	हिंदी	दैनिक	157000 जिला

स्रोत : सूचना का अधिकार अधिनियम-2005[140]

उपरोक्तसारणी संख्या-80के अनुसार जनपद-बस्ती में स्थानीय स्तर पर ग्यारहसमाचार-पत्र प्रकाशित हो रहे हं। इसके अतिरिक्त राष्ट्रीय मीडिया अपने स्तर पर पहुंच बनाये हुए है।

सारणी संख्या-81

जनपद- सिद्धार्थनगर

पत्र कोड	पत्र का नाम	भाषा	अवधि	प्रसार संख्या
SDR-DLY-6851	कौमी रफ्तार	उर्दू	दैनिक	16602 जिला
SDR-DLY-759	गोरखपुर केसरी	हिंदी	दैनिक	5300 जिला

---

[139]सूचना एवं जन सम्पर्क विभाग, उतरप्रदेश के तहत आरटीआई दिनांक 9 जनवरी 2023
[140]सूचना एवं जन सम्पर्क विभाग, उतरप्रदेश के तहत आरटीआई दिनांक 9 जनवरी 2023

पत्र कोड	पत्र का नाम	भाषा	अवधि	प्रसार संख्या	
SDR-DLY-2312	गोरखपुर मेल	हिंदी	दैनिक	15100	जिला
SDR-DLY-5928	पैमाम-ए-सिद्धार्थ	उर्दू	दैनिक	15200	जिला
SDR-DLY-6849	बुद्ध का संदेश	हिंदी	दैनिक	16000	जिला

स्त्रोत : सूचना का अधिकार अधिनियम–2005[141]

उपरोक्तसारणी संख्या- 81 के अनुसार जनपद-सिद्धार्थनगर में स्थानीय स्तर पर पांच समाचार-पत्र प्रकाशित हो रहे है। इसके अतिरिक्त राष्ट्रीय मीडिया अपने स्तर पर पहुंच बनाये हुए है।

सारणी संख्या-82

जनपद- संतकबीर नगर

पत्र कोड	पत्र का नाम	भाषा	अवधि	प्रसार संख्या	
SKN-DLY-7643	खबर पुरबिया	हिंदी	दैनिक	5300	जिला
SKN-DLY-7330	दीदार-ए-मुल्क	उर्दू	दैनिक	5300	जिला
SKN-DLY-4198	ब्रह्म पुकारम	हिंदी	दैनिक	6500	जिला
SKN-DLY-13363	मेहदावल मेल	हिंदी	दैनिक	15400	जिला
SKN-DLY-6868	लोक साक्षी	हिंदी	दैनिक	5250	जिला
SKN-DLY-13100	सद्भावना का प्रतीक	उर्दू	दैनिक	5200	जिला
SKN-DLY-13886	सप्तरत्न	हिंदी	दैनिक	15406	जिला
SKN-DLY-8311	समदर्शी	हिंदी	दैनिक	15350	जिला

स्त्रोत : सूचना का अधिकार अधिनियम–2005[142]

उपरोक्तसारणी संख्या-82के अनुसार जनपद-संत कबीरनगर में स्थानीय स्तर पर आठ समाचार-पत्र प्रकाशित हो रहे है। इसके अतिरिक्त राष्ट्रीय मीडिया अपने स्तर पर पहुंच बनाये हुए है।

2.19 मिर्जापुर मंडल में प्रिंट मीडिया

सारणी संख्या-83

जनपद- मिर्जापुर

पत्र कोड	पत्र का नाम	भाषा	अवधि	प्रसार संख्या	
MZR-DLY-6495	अवध दवार समाचार	हिंदी	दैनिक	25000	जिला
MZR-DLY-3259	कौमी मुकाम	उर्दू	दैनिक	54556	मंडल

---

[141]सूचना एवं जन सम्पर्क विभाग, उतरप्रदेश के तहत आरटीआई दिनांक 9 जनवरी 2023
[142]सूचना एवं जन सम्पर्क विभाग, उतरप्रदेश के तहत आरटीआई दिनांक 9 जनवरी 2023

पत्र कोड	पत्र का नाम	भाषा	अवधि	प्रसार संख्या	
MZR-DLY-4154	कौमी मंजिल	उर्दू	दैनिक	25000	जिला
MZR-DLY-3967	कौमी मोहाज़	उर्दू	दैनिक	25000	जिला
MZR-DLY-4606	च्वाइंस टाइम्स	हिंदी	दैनिक	60879	जिला
MZR-DLY-1778	जग प्रकाश	हिंदी	दैनिक	24486	जिला
MZR-DLY-7259	जनेश्वर टाइम्स	हिंदी	दैनिक	20148	जिला
MZR-DLY-7598	मदर	उर्दू	दैनिक	5351	जिला
MZR-DLY-7597	मदर	हिंदी	दैनिक	5200	जिला
MZR-DLY-3289	मिर्ज़ापुर टाइम्स	हिंदी	दैनिक	5025	जिला
MZR-DLY-7195	समस्या दर्पण	हिंदी	दैनिक	15100	जिला

स्रोत : सूचना का अधिकार अधिनियम-2005[143]

उपरोक्तसारणी संख्या-83के अनुसार जनपद-मिर्जापुर में स्थानीय स्तर पर बारहसमाचार-पत्र प्रकाशित हो रहे हैं। इसके अतिरिक्त राष्ट्रीय मीडिया अपने स्तर पर पहुंच बनाये हुए है।

सारणी संख्या-84

जनपद-सोनभद्र

पत्र कोड	पत्र का नाम	भाषा	अवधि	प्रसार संख्या
SBR-DLY-6072	गांव गिरांव	हिंदी	दैनिक	15050 जिला

स्रोत : सूचना का अधिकार अधिनियम-2005[144]

उपरोक्तसारणी संख्या-84के अनुसार जनपद-पीलीभीत में स्थानीय स्तर पर एक समाचार-पत्र प्रकाशित हो रहा है। इसके अतिरिक्त राष्ट्रीय मीडिया अपने स्तर पर पहुंच बनाये हुए है।

सारणी संख्या-85

जनपद-संत रविदास नगर (भदोही)

पत्र कोड	पत्र का नाम	भाषा	अवधि	प्रसार संख्या
SRD-DLY-6063	गांव गिरांव	हिंदी	दैनिक	15016 जिला
SRD-DLY-6037	युग प्रवर्तक टाइम्स	हिंदी	दैनिक	5200 जिला

स्रोत : सूचना का अधिकार अधिनियम-2005[145]

---

[143]सूचना एवं जन सम्पर्क विभाग, उतरप्रदेश के तहत आरटीआई दिनांक 9 जनवरी 2023

[144]सूचना एवं जन सम्पर्क विभाग, उतरप्रदेश के तहत आरटीआई दिनांक 9 जनवरी 2023

उपरोक्तसारणी संख्या-84 के अनुसार जनपद-संत रविदास नगर में स्थानीय स्तर पर दो समाचार-पत्र प्रकाशित हो रहे है। इसके अतिरिक्त राष्ट्रीय मीडिया अपने स्तर पर पहुंच बनाये हुए है।

2.20 मुरादाबाद मंडल में प्रिंट मीडिया

सारणी संख्या-86

जनपद- बिजनौर

पत्र कोड	पत्र का नाम	भाषा	अवधि	प्रसार संख्या
BJR-DLY-774	चिंगारी	हिंदी	दैनिक	17158 जिला
BJR-DLY-775	बिजनौर टाइम्स	हिंदी	दैनिक	23925 जिला
BJR-DLY-4065	विधान केसरी	हिंदी	दैनिक	34550 जिला
BJR-DLY-6060	सरोहा बुलेटिन	हिंदी	दैनिक	53735 जिला

स्त्रोत : सूचना का अधिका अधिनियम-2005[146]

उपरोक्तसारणी संख्या-86के अनुसार जनपद-मुरादाबाद में स्थानीय स्तर पर चार समाचार-पत्र प्रकाशित हो रहे हैं। इसके अतिरिक्त राष्ट्रीय मीडिया अपने स्तर पर पहुंच बनाये हुए है।

सारणी संख्या-87

जनपद- अमरोहा

पत्र कोड	पत्र का नाम	भाषा	अवधि	प्रसार संख्या
JRF-DLY-6063	सुपर न्यूज लीडर	हिंदी	दैनिक	25928 जिला

स्त्रोत : सूचना का अधिकार अधिनियम-2005[147]

उपरोक्तसारणी संख्या-87के अनुसार जनपद-अमरोहा में स्थानीय स्तर पर एक समाचार-पत्र प्रकाशित हो रहे हैं। इसके अतिरिक्त राष्ट्रीय मीडिया अपने स्तर पर पहुंच बनाये हुए है।

सारणी संख्या-88

---

[145] सूचना एवं जन सम्पर्क विभाग, उत्तरप्रदेश के तहत आरटीआई दिनांक 9 जनवरी 2023
[146] सूचना एवं जन सम्पर्क विभाग, उत्तरप्रदेश के तहत आरटीआई दिनांक 9 जनवरी 2023
[147] सूचना एवं जन सम्पर्क विभाग, उत्तरप्रदेश के तहत आरटीआई दिनांक 9 जनवरी 2023

जनपद- मुरादाबाद

पत्र कोड	पत्र का नाम	भाषा	अवधि	प्रसार संख्या
MRD-DLY-13941	अमृत विचार	हिंदी	दैनिक	50125 जिला
MRD-DLY-769	अमर उजाला	हिंदी	दैनिक	82577 मंडल
MRD-DLY-6523	इंकलाब	उर्दू	दैनिक	48154 जिला
MRD-DLY-6086	कौमी नुमाइंदगी	उर्दू	दैनिक	15120 जिला
MRD-DLY-2820	उत्तर केसरी	हिंदी	दैनिक	16239 जिला
MRD-DLY-6075	चौथा सुतून	उर्दू	दैनिक	25000 जिला
MRD-DLY-771	जागरण (मुरादाबाद)	उर्दू	दैनिक	51582 जिला
MRD-DLY-6802	पुलिस बल	हिंदी	दैनिक	52000 जिला
MRD-DLY-13052	महानगर टाइम्स	हिंदी	दैनिक	25000 जिला
MRD-DLY-770	युगबन्धु	हिंदी	दैनिक	15563 जिला
MRD-DLY-6103	राब्ता टाइम्स	उर्दू	दैनिक	25000 जिला
MRD-DLY-7356	वर्दी की दास्तान	हिंदी	दैनिक	5100 जिला
MRD-DLY-6145	विधान केसरी	हिंदी	दैनिक	50512 जिला
MRD-DLY-3269	शाह टाइम्स (मुरादाबाद)	हिंदी	दैनिक	42483 जिला
MRD-DLY-7577	शीतल ग्रुप संवाद केसरी	हिंदी	दैनिक	25000 जिला
MRD-DLY-6663	सुनहरा तीर टाइम्स	हिंदी	दैनिक	13500 जिला
MRD-DLY-6482	सरोहा बुलेटिन	हिंदी	दैनिक	45425 जिला
MRD-DLY-4012	हुकूमत एक्सप्रेस	उर्दू	दैनिक	25000 जिला
MRD-DLY-773	हुकूमत एक्सप्रेस	हिंदी	दैनिक	25000 जिला
MRD-DLY-5931	हिन्दुस्तान	हिंदी	दैनिक	36515 मंडल

स्रोत : सूचना का अधिकार अधिनियम-2005[148]

उपरोक्तसारणी संख्या-88के अनुसार जनपद-पीलीभीत में स्थानीय स्तर पर इक्कीश समाचार-पत्र प्रकाशित हो रहे है। इसके अतिरिक्त राष्ट्रीय मीडिया अपने स्तर पर पहुंच बनाये हुए है।

सारणी संख्या-89
जनपद- रामपुर

---

[148] सूचना एवं जन सम्पर्क विभाग, उतरप्रदेश के तहत आरटीआई दिनांक 9 जनवरी 2023

पत्र कोड	पत्र का नाम	भाषा	अवधि	प्रसार संख्या
RMR-DLY-778	नाजिम	उर्दू	दैनिक	15300 जिला
RMR-DLY-780	रामपुर ऐलान	उर्दू	दैनिक	17000 जिला

स्त्रोत : सूचना का अधिका अधिनियम-2005[149]

उपरोक्तसारणी संख्या-90के अनुसार जनपद-रामपुर में स्थानीय स्तर पर दो समाचार-पत्र प्रकाशित हो रहे है। इसके अतिरिक्त राष्ट्रीय मीडिया अपने स्तर पर पहुंच बनाये हुए है।

सारणी संख्या-91

जनपद- संबल

पत्र कोड	पत्र का नाम	भाषा	अवधि	प्रसार संख्या
BEN-DLY-778	तस्वीर-ए-चमन	उर्दू	दैनिक	5400 जिला

स्त्रोत : सूचना का अधिकार अधिनियम-2005[150]

उपरोक्तसारणी संख्या-91के अनुसार जनपद-संबल में स्थानीय स्तर पर एक समाचार-पत्र प्रकाशित हो रहा है। इसके अतिरिक्त राष्ट्रीय मीडिया अपने स्तर पर पहुंच बनाये हुए है।

2.21 मेरठ मंडल में प्रिंट मीडिया

सारणी संख्या-92

जनपद- बागपत

पत्र कोड	पत्र का नाम	भाषा	अवधि	प्रसार संख्या
BGT-DLY-6821	नारदवाणी	हिंदी	दैनिक	15600 जिला
BGT-DLY-7302	बागपत टाइम्स	हिंदी	दैनिक	16600 जिला
BGT-DLY-778	सिटी बुलेटिन	उर्दू	दैनिक	15800 जिला

स्त्रोत : सूचना का अधिकार अधिनियम-2005[151]

---

[149] सूचना एवं जन सम्पर्क विभाग, उतरप्रदेश के तहत आरटीआई दिनांक 9 जनवरी 2023
[150] सूचना एवं जन सम्पर्क विभाग, उतरप्रदेश के तहत आरटीआई दिनांक 9 जनवरी 2023
[151] सूचना एवं जन सम्पर्क विभाग, उतरप्रदेश के तहत आरटीआई दिनांक 9 जनवरी 2023

उपरोक्तसारणी संख्या-92जनपद-बागपत में स्थानीय स्तर पर तीनसमाचार-पत्र प्रकाशित हो रहा है। इसके अतिरिक्त राष्ट्रीय मीडिया अपने स्तर पर पहुंच बनाये हुए है।

सारणी संख्या-93

जनपद- बुलन्दशहर

पत्र कोड	पत्र का नाम	भाषा	अवधि	प्रसार संख्या
BLS-DLY-7255	देव केसरी	हिंदी	दैनिक	24500 जिला
BLS-DLY-548	दीक्षा (दैनिक)	हिंदी	दैनिक	6000 जिला
BLS-DLY-550	पीड़ित मानव	उर्दू	दैनिक	5500 जिला
BLS-DLY-551	विशाल विश्वमानव	हिंदी	दैनिक	25000 जिला

स्रोत : सूचना का अधिकार अधिनियम-2005[152]

उपरोक्तसारणी संख्या-93जनपद-बुलन्दशहर में स्थानीय स्तर पर चारसमाचार-पत्रों का प्रकाशन हो रहा है। इसके अतिरिक्त राष्ट्रीय मीडिया अपने स्तर पर पहुंच बनाये हुए है।

सारणी संख्या-94

जनपद- गौतम बुद्ध नगर

पत्र कोड	पत्र का नाम	भाषा	अवधि	प्रसार संख्या
GBN-DLY-6687	आज का मुद्दा	अंग्रेजी	दैनिक	24500 जिला
GBN-DLY-5764	आज का मुद्दा	हिंदी	दैनिक	25000जिला
GBN-DLY-7335	इंकलाब	उर्दू	दैनिक	52500 जिला
GBN-DLY-7564	उत्तर प्रहरी	उर्दू	दैनिक	65063 जिला
GBN-DLY-1375	चेतना मंच	हिंदी	दैनिक	25000 जिला
GBN-DLY-7368	चन्द्रहार टाइम्स	उर्दू	दैनिक	18266 जिला
GBN-DLY-7612	चौगामा की आवाज़	उर्दू	दैनिक	15300 जिला
GBN-DLY-7594	जन प्रवाद	हिंदी	दैनिक	37500 जिला
GBN-DLY-3046	जयहिंद जनाब	हिंदी	दैनिक	25000 जिला
GBN-DLY-7617	टीएनआई आवाज़	हिंदी	दैनिक	25000 जिला

---

[152]सूचना एवं जन सम्पर्क विभाग, उतरप्रदेश के तहत आरटीआई दिनांक 9 जनवरी 2023

पत्र कोड	पत्र का नाम	भाषा	अवधि	प्रसार संख्या	
GBN-DLY-6704	द ग्लोबल लीडर	उर्दू	दैनिक	25000	जिला
GBN-DLY-6097	नेशनल दुनिया	हिंदी	दैनिक	100984	जिला
GBN-DLY-6801	पुलिस बल	हिंदी	दैनिक	52000	जिला
GBN-DLY-6674	फोकस आवाल	हिंदी	दैनिक	25600	जिला
GBN-DLY-7313	भास्कर नोएडा	हिंदी	दैनिक	25000	जिला
GBN-DLY-4270	रायल बुलेटिन	हिंदी	दैनिक	25000	जिला
GBN-DLY-5314	राष्ट्रीय उजाला	हिंदी	दैनिक	39500	जिला
GBN-DLY-6844	वर्तमान अंकुर	उर्दू	दैनिक	7093	जिला
GBN-DLY-1376	वर्तमान सत्ता	हिंदी	दैनिक	16000	जिला
GBN-DLY-7647	विशाल इंडिया	हिंदी	दैनिक	25500	जिला
GBN-DLY-6636	सच कंहू	हिंदी	दैनिक	36571	जिला
GBN-DLY-6855	सफा टाइम्स	उर्दू	दैनिक	35175	जिला
GBN-DLY-7359	संरजना टाइम्स	हिंदी	दैनिक	25000	जिला
GBN-DLY-6526	साई मीडिया	हिंदी	दैनिक	5600	जिला
GBN-DLY-7059	सियासत दूर तक	हिंदी	दैनिक	11400	जिला
GBN-DLY-5082	हमारा मैट्रो	हिंदी	दैनिक	52500	जिला
GBN-DLY-4297	हिंद की जमीन	हिंदी	दैनिक	25000	जिला
GBN-DLY-6994	हिन्दूस्तान एक्सप्रेस	अंग्रेजी	दैनिक	52000	जिला

स्त्रोत : सूचना का अधिकार अधिनियम–2005[153]

उपरोक्तसारणी संख्या–94के अनुसार जनपद–गौतमबुद्ध नगर में स्थानीय स्तर पर अठाईस समाचार-पत्र प्रकाशित हो रहे है। इसके अतिरिक्त राष्ट्रीय मीडिया अपने स्तर पर पहुंच बनाये हुए है।

सारणी संख्या–95
जनपद– गाजियाबाद

पत्र कोड	पत्र का नाम	भाषा	अवधि	प्रसार संख्या	
GZB-DLY-3869	अलमोमिन	उर्दू	दैनिक	15200	जिला
GZB-DLY-5652	आप अभी तक	हिंदी	दैनिक	16250	जिला
GZB-DLY-5857	एनसीआर टुडे	हिंदी	दैनिक	25000	जिला

[153] सूचना एवं जन सम्पर्क विभाग, उतरप्रदेश के तहत आरटीआई दिनांक 9 जनवरी 2023

GZB-DLY-13933	करंट क्राइम	हिंदी	दैनिक	5500	जिला
GZB-DLY-5327	कौमी पत्रिका	पंजाबी	हिंदी	45056	जिला
GZB-DLY-4497	कौमी पत्रिका	उर्दू	दैनिक	25000	जिला
GZB-DLY-6590	कौमी मुकाम	हिंदी	दैनिक	5040	जिला
GZB-DLY-8294	टेण्डर ऑक्शन समाचार	अंग्रेजी	दैनिक	25000	जिला
GZB-DLY-5851	टाइम्स डे	अंग्रेजी	दैनिक	25000	जिला
GZB-DLY-588	दैनिक अथाह	हिंदी	दैनिक	24739	जिला
GZB-DLY-5850	न्यू इंडिया हेराल्ड	हिंदी	दैनिक	25000	जिला
GZB-DLY-6265	न्यू स्पीक्स	हिंदी	दैनिक	15100	जिला
GZB-DLY-3047	प्रयाण	हिंदी	दैनिक	15500	जिला
GZB-DLY-587	प्रयलंकर	हिंदी	दैनिक	24540	जिला
GZB-DLY-591	भावी सत्ता	हिंदी	दैनिक	25000	जिला
GZB-DLY-13120	मनस्वी वाणी	हिंदी	दैनिक	15010	जिला
GZB-DLY-13437	मून इंडिया	उर्दू	दैनिक	25124	जिला
GZB-DLY-3293	महामेदया	हिंदी	दैनिक	35823	जिला
GZB-DLY-5323	मीडिया मेल	हिंदी	दैनिक	16100	जिला
GZB-DLY-5267	युग करवट	हिंदी	दैनिक	24232	जिला
GZB-DLY-3049	राष्ट्रीय आईना	हिंदी	दैनिक	40800	जिला
GZB-DLY-2328	वर्तमान सत्ता	हिंदी	दैनिक	3600	जिला
GZB-DLY-586	हिन्ट	हिंदी	दैनिक	15400	जिला
GZB-DLY-3048	हिंद आत्मा	हिंदी	दैनिक	16100	जिला

| GZB-DLY-6202 | हिन्दुस्तान कलतक | हिंदी | दैनिक | 25000 जिला |

उपरोक्तसारणी संख्या–95के अनुसार जनपद-गाजियाबाद में स्थानीय स्तर पर पच्चीस समाचार-पत्र प्रकाशित हो रहे हैं। इसके अतिरिक्त राष्ट्रीय मीडिया अपने स्तर पर पहुंच बनाये हुए है।

सारणी संख्या-96

जनपद- मेरठ

पत्र कोड	पत्र का नाम	भाषा	अवधि	प्रसार संख्या
MRT-DLY-13948	अमन का उजाला	उर्दू	दैनिक	15100 जिला
MRT-DLY-13925	अमन का उजाला	हिंदी	दैनिक	5300 जिला
MRT-DLY-1644	अमर उजाला	हिंदी	दैनिक	140518 मंडल
MRT-DLY-5918	आई नेक्स्ट	अंग्रेजी	दैनिक	16226 जिला
MRT-DLY-13919	आज का बुलेटिन	हिंदी	दैनिक	15250 जिला
MRT-DLY-1665	केसर खुशबू टाइम्स	हिंदी	दैनिक	15800 जिला
MRT-DLY-7680	चौगामा की आवाज़	हिंदी	दैनिक	16400 जिला
MRT-DLY-1660	जगत चर्चा	हिंदी	दैनिक	2160 जिला
MRT-DLY-1651	जनता एक्सप्रेस	हिंदी	दैनिक	5800 जिला
MRT-DLY-5016	जनवाणी	हिंदी	दैनिक	25000 जिला
MRT-DLY-1645	जागरण (मेरठ)	हिंदी	दैनिक	167941मंडल
MRT-DLY-6465	डीएलए	हिंदी	दैनिक	41805 जिला
MRT-DLY-4115	दिव्य विश्वास	हिंदी	दैनिक	75350 जिला
MRT-DLY-5841	धारा न्यूज	हिंदी	दैनिक	75350 जिला
MRT-DLY-1652	नारदवाणी	हिंदी	दैनिक	15840 जिला
MRT DLY-1646	प्रभात	हिंदी	दैनिक	19175 जिला
MRT-DLY-6613	मनी मेकर्स	अंग्रेजी	दैनिक	8780 जिला
MRT-DLY-1647	मयराष्ट्र	उर्दू	दैनिक	5185 जिला
MRT-DLY-1650	मेरठ समाचार	हिंदी	दैनिक	15230 जिला
MRT-DLY-1654	युवा रिपोर्टर	हिंदी	दैनिक	15200 जिला
MRT-DLY-7388	रायल बुलेटिन	हिंदी	दैनिक	15172 जिला

MRT-DLY-13950	रिपोर्टर आजतक	उर्दू	दैनिक	5100	जिला
MRT-DLY-8313	लोकसत्य	हिंदी	दैनिक	122185	जिला
MRT-DLY-4579	वतन की शान प्रभात	पंजाबी	दैनिक	29726	जिला
MRT-DLY-5732	विचार प्रहरी टाइम्स	हिंदी	दैनिक	5800	जिला
MRT-DLY-3532	शाह टाइम्स	हिंदी	दैनिक	24217	जिला
MRT-DLY-13518	सुजान टाइम्स	हिंदी	दैनिक	16300	जिला
MRT-DLY-3616	सत्ता की परख	उर्दू	दैनिक	52000	जिला
MRT-DLY-4221	सत्ता की परख	हिंदी	दैनिक	25000	जिला
MRT-DLY-8399	सत्ता मेल	हिंदी	दैनिक	16500	जिला
MRT-DLY-4584	सबा प्रभात	उर्दू	दैनिक	48311	जिला
MRT-DLY-5114	सिटी बुलेटिन	उर्दू	दैनिक	161395	जिला
MRT-DLY-1649	हमारा युग	हिंदी	दैनिक	25000	जिला
MRT-DLY-1648	हिंदू	हिंदी	दैनिक	5100	जिला
MRT-DLY-4163	हिन्दूस्तान	हिंदी	दैनिक	107118	मंडल
MRT-DLY-1656	हीरा टाइम्स	हिंदी	दैनिक	25000	जिला

स्रोत : सूचना का अधिकार अधिनियम–2005[155]

उपरोक्तसारणी संख्या-96के अनुसार जनपद-मेरठ में स्थानीय एवं राष्ट्रीय स्तर केपच्चीस समाचार-पत्र प्रकाशित हो रहे हैं। इसके अतिरिक्त राष्ट्रीय मीडिया अपने स्तर पर पहुंच बनाये हुए है।

सारणी संख्या-97

जनपद-हापुड़

पत्र कोड	पत्र का नाम	भाषा	अवधि	प्रसार संख्या	
PSN-DLY-6819	नारदवाणी	हिंदी	दैनिक	15600	जिला
PSN-DLY-13464	मून इंडिया	उर्दू	दैनिक	25052	जिला
PSN-DLY-6822	सिटी बुलेटिन	उर्दू	दैनिक	15500	जिला

स्रोत : सूचना का अधिकार अधिनियम–2005[156]

---

[155] सूचना एवं जन सम्पर्क विभाग, उतरप्रदेश के तहत आरटीआई दिनांक 9 जनवरी 2023
[156] सूचना एवं जन सम्पर्क विभाग, उतरप्रदेश के तहत आरटीआई दिनांक 9 जनवरी 2023

उपरोक्तसारणी संख्या-97के अनुसार जनपद-हापुड़ में स्थानीय स्तर पर तीन समाचार-पत्र प्रकाशित हो रहे है। इसके अतिरिक्त राष्ट्रीय मीडिया अपने स्तर पर पहुंच बनाये हुए है।

सारणी संख्या-98

जनपद- हरदोई

पत्र कोड	पत्र का नाम	भाषा	अवधि	प्रसार संख्या
HDI-DLY-5660	आज की रिपोर्ट	हिंदी	दैनिक	35160 जिला
HDI-DLY-7254	आज की सुर्खिया	उर्दू	दैनिक	5100जिला
HDI-DLY-7192	उमेश सत्ता	हिंदी	दैनिक	5250जिला
HDI-DLY-6065	गुनाह का सच	उर्दू	दैनिक	16151 जिला
HDI-DLY-2343	ग्रामीण सहारा	हिंदी	दैनिक	25550 जिला
HDI-DLY-4041	ग्रामीण सहारा	उर्दू	दैनिक	25300 जिला
HDI-DLY-6813	बरकात नामा	उर्दू	दैनिक	27127 जिला
HDI-DLY-13091	मरियम टाइम्स	हिंदी	दैनिक	15850 जिला
HDI-DLY-6672	शुभ उपकार	उर्दू	दैनिक	15800 जिला
HDI-DLY-3617	शुभ उपकार	हिंदी	दैनिक	18200 जिला
HDI-DLY-7057	शहर ए मुगल	उर्दू	दैनिक	15500 जिला
HDI-DLY-6480	सच की मर्यादा	अंग्रेजी	दैनिक	16105 जिला
HDI-DLY-6146	हरदोई की आवाज	उर्दू	दैनिक	45516 जिला

स्रोत : सूचना का अधिकार अधिनियम-2005[157]

उपरोक्तसारणी संख्या-98के अनुसार जनपद-हरदोई में स्थानीय स्तर पर बारह समाचार-पत्र प्रकाशित हो रहे है। इसके अतिरिक्त राष्ट्रीय मीडिया अपने स्तर पर पहुंच बनाये हुए है।

---

[157]सूचना एवं जन सम्पर्क विभाग, उतरप्रदेश के तहत आरटीआई दिनांक 9 जनवरी 2023

सारणी संख्या-99

जनपद-लखीमपुरखीरी

पत्र कोड	पत्र का नाम	भाषा	अवधि	प्रसार संख्या
LKK-DLY-13051	इनसाइट	हिंदी	दैनिक	6300 जिला
LKK-DLY-2009	एफ्रो एशियन संदेश	हिंदी	दैनिक	5300 जिला
LKK-DLY-2810	मेरी जंग	उर्दू	दैनिक	5100 जिला
LKK-DLY-13081	राष्ट्रीय प्रेस	हिंदी	दैनिक	15000 जिला

स्त्रोत : सूचना का अधिकार अधिनियम-2005[158]

उपरोक्तसारणी संख्या-99के अनुसार जनपद-लखीमपुरखीरी में स्थानीय स्तर पर चार समाचार-पत्र प्रकाशित हो रहे है। इसके अतिरिक्त राष्ट्रीय मीडिया अपने स्तर पर पहुंच बनाये हुए है।

सारणी संख्या-100

जनपद-लखनऊ

पत्र कोड	पत्र का नाम	भाषा	अवधि	प्रसार संख्या
LKO-DLY-6731	4 पीएम	हिंदी	दैनिक	40500 जिला
LKO-DLY-13060	अचूक समाचार	हिंदी	दैनिक	15400 जिला
LKO-DLY-13078	अजमत-ए-हिन्द	उर्दू	दैनिक	15350 जिला
LKO-DLY-7350	अनमत परिवार	हिंदी	दैनिक	5500 जिला
LKO-DLY-1302	अनवारें कौम	हिंदी	दैनिक	15622 जिला
LKO-DLY-7264	अनवारूल टाइम्स	हिंदी	दैनिक	16500 जिला
LKO-DLY-2331	अपना अखबार	हिंदी	दैनिक	66195 जिला

---

[158]सूचना एवं जन सम्पर्क विभाग, उतरप्रदेश के तहत आरटीआई दिनांक 9 जनवरी 2023

LKO-DLY-13381	अपराध दर्पण	हिंदी	दैनिक	25000 जिला
LKO-DLY-8320	अपवा की नजर	हिंदी	दैनिक	15000 जिला
LKO-DLY-1245	अमृत विचार	हिंदी	दैनिक	45148 जिला
LKO-DLY-8013	अमृत संवाद	हिंदी	दैनिक	18367 जिला
LKO-DLY-6578	अमन-ए-अवध	उर्दू	दैनिक	43143 जिला
LKO-DLY-5313	अमन-ए-मूल्क	उर्दू	दैनिक	18500 जिला
LKO-DLY-7082	अमननामा	उर्दू	दैनिक	5250 जिला
LKO-DLY-3833	उमर उजाला	हिंदी	दैनिक	202047 मंडल
LKO-DLY-6591	अमरभारती	हिंदी	दैनिक	57975 जिला
LKO-DLY-6628	अमर लेखनी	हिंदी	दैनिक	15250 जिला
LKO-DLY-6071	अमिट छाप	हिंदी	दैनिक	5150 जिला
LKO-DLY-6520	अर्जित टाइम्स	हिंदी	दैनिक	25000 जिला
LKO-DLY-8029	अर्श टाइम्स	उर्दू	दैनिक	5024 जिला
LKO-DLY-13908	अवध-ए-सियासत	उर्दू	दैनिक	15800 जिला
LKO-DLY-8329	अवध की खोज	उर्दू	दैनिक	15280 जिला
LKO-DLY-13354	अवध की जान	उर्दू	दैनिक	15200 जिला
LKO-DLY-1288	अवध की पुकार	उर्दू	दैनिक	25000 जिला
LKO-DLY-8319	अवध टुडे	हिंदी	दैनिक	15700 जिला
LKO-DLY-4038	अवध द्वार समाचार	हिंदी	दैनिक	5300 जिला
LKO-DLY-13416	अवध नव रचना	हिंदी	दैनिक	15700 जिला
LKO-DLY-2798	अवध नामा	उर्दू	दैनिक	25000 जिला

LKO-DLY-7571	अवध रत्न	हिंदी	दैनिक	25332 जिला
LKO-DLY-4292	अवध सूचना	हिंदी	दैनिक	16350 जिला
LKO-DLY-5871	अवध संसद	हिंदी	दैनिक	3100 जिला
LKO-DLY-4349	अवधनामा	हिंदी	दैनिक	25000 जिला
LKO-DLY-6090	अश्वघोष	हिंदी	दैनिक	25000 जिला
LKO-DLY-4462	अहवाले-ए-वतन	उर्दू	दैनिक	25500 जिला
LKO-DLY-13380	आइना एक्सप्रेस	उर्दू	दैनिक	25000 जिला
LKO-DLY-13154	आइना-ए-अवध	उर्दू	दैनिक	17200 जिला
LKO-DLY-5913	आई नेक्स्ट	अंग्रेजी	दैनिक	25909 जिला
LKO-DLY-3040	आग	उर्दू	दैनिक	26940 जिला
LKO-DLY-13428	आगाज-ए-जंग	उर्दू	दैनिक	15200 जिला
LKO-DLY-7263	आगाज-ए-वतन	उर्दू	दैनिक	15100 जिला
LKO-DLY-13428	आज का सफर	हिंदी	दैनिक	15200 जिला
LKO-DLY-1235	आज	हिंदी	दैनिक	34845 मंडल
LKO-DLY-1328	आज की रिपोर्ट	हिंदी	दैनिक	21200 जिला
LKO-DLY-4303	आज की सुर्खियां	उर्दू	हिंदी	15100 जिला
LKO-DLY-13362	आजादी मेल	हिंदी	दैनिक	15500 जिला
LKO-DLY-13390	आदि काल	हिंदी	दैनिक	25560 जिला
LKO-DLY-6611	आनन्दी काल	हिंदी	दैनिक	17500 जिला
LKO-DLY-3688	आपका साथी	हिंदी	दैनिक	15900 जिला
LKO-DLY-13915	आवाम ए वतन	उर्दू	दैनिक	25000 जिला

LKO-DLY-8002	आवाम की उम्मीद	उर्दू	दैनिक	15400 जिला
LKO-DLY-6074	आवामी जंग	उर्दू	दैनिक	5055 जिला
LKO-DLY-6692	आवामी अदालत	हिंदी	दैनिक	15100 जिला
LKO-DLY-13425	आवामी तुर्जमान	उर्दू	दैनिक	15700 जिला
LKO-DLY-13902	आवामी परचम	उर्दू	दैनिक	15250 जिला
LKO-DLY-13452	आवामी सहाफल	उर्दू	दैनिक	15500 जिला
LKO-DLY-7184	आवामी सालार	हिंदी, उर्दू	दैनिक	55500 जिला
LKO-DLY-7575	आवामी हालात	उर्दू	दैनिक	27000 जिला
LKO-DLY-13405	आशंका बुलेटिन	हिंदी	दैनिक	5350 जिला
LKO-DLY-7572	इंकलाब	उर्दू	दैनिक	25000 जिला
LKO-DLY-6513	इंकलाब न्यूज	उर्दू	दैनिक	25500 जिला
LKO-DLY-6524	इंकलाब-ए-लोहिया	उर्दू	दैनिक	21600 जिला
LKO-DLY-8009	इंकलाबी आवाज	उर्दू	दैनिक	16050 जिला
LKO-DLY-5839	इच्छा शक्ति	हिंदी	दैनिक	5550 जिला
LKO-DLY-1277	इंडियन एक्सप्रेस	अंग्रेजी	दैनिक	24065 राज्य
LKO-DLY-7701	इन दिनों	उर्दू	दैनिक	25000 जिला
LKO-DLY-4243	इंकलाबी नजर	हिंदी	दैनिक	26871 जिला
LKO-DLY-7701	इंडिया वॉयस टाइम्स	हिंदी	दैनिक	25000 जिला
LKO-DLY-7261	इंटरनेट मीडिया	हिंदी	दैनिक	25000 जिला
LKO-DLY-13058	इनसाइट	उर्दू	दैनिक	15100 जिला
LKO-DLY-4551	इरम-अल-हुदा-टाइम्स	उर्दू	दैनिक	70350 जिला

LKO-DLY-5278	उतर प्रदेश सहकारी रोशनी	हिंदी	दैनिक	21950 जिला
LKO-DLY-6050	उद्बोधक	हिंदी	दैनिक	20315 जिला
LKO-DLY-7920	उद्धमी राजधानी टाइम्स	हिंदी	दैनिक	25000 जिला
LKO-DLY-3888	उम्मीद की रोशनी	हिंदी	दैनिक	5400 जिला
LKO-DLY-4425	उमेश सत्ता	हिंदी	दैनिक	15250 जिला
LKO-DLY-3670	उर्दू की तहरीर	उर्दू	दैनिक	61420 जिला
LKO-DLY-5849	उर्दू मीडिया	उर्दू	दैनिक	16500 जिला
LKO-DLY-5317	ऊंची खोज	हिंदी	दैनिक	25000 जिला
LKO-DLY-1248	ऊर्जा टाइम्स	हिंदी	दैनिक	24200 जिला
LKO-DLY-13938	ए टू जेड समाचार	हिंदी	दैनिक	6000 जिला
LKO-DLY-1311	एक दाम (लखनऊ)	उर्दू	दैनिक	5150 जिला
LKO-DLY-8287	एक संदेश	हिंदी	दैनिक	65146 जिला
LKO-DLY-8265	एवरी-डे-न्यूज	हिंदी	दैनिक	25366 जिला
LKO-DLY-13077	कन्नौज पोस्ट	हिंदी	दैनिक	15500 जिला
LKO-DLY-6025	कैनविज टाइम्स	हिंदी	दैनिक	36169 जिला
LKO-DLY-7675	कब तक चुप रहूं	हिंदी	दैनिक	16600 जिला
LKO-DLY-5309	कबीर टाइम्स	हिंदी	दैनिक	25500 जिला
LKO-DLY-8012	केयर टाइम्स	हिंदी	दैनिक	37250 जिला
LKO-DLY-5585	कफ्यू	हिंदी	दैनिक	15050 जिला
LKO-DLY-13401	कर्मक्षेत्र इण्डिया	हिंदी	दैनिक	15700 जिला
LKO-DLY-8020	क्राइम पहल	हिंदी	दैनिक	15300 जिला

LKO-DLY-3283	क्रिएटिव दर्पण	हिंदी	दैनिक	25000	जिला
LKO-DLY-3822	कल्बे अबीद टाइम्स	हिंदी	दैनिक	25000	जिला
LKO-DLY-7665	कलम की जुबान	हिंदी	दैनिक	5100	जिला
LKO-DLY-13489	कामरान एक्सप्रेस	हिंदी	दैनिक	16380	जिला
LKO-DLY-3284	किरण कमल	हिंदी	दैनिक	18200	जिला
LKO-DLY-6537	कौमी अफकार	उर्दू	दैनिक	10580	जिला
LKO-DLY-3817	कौमी ऐलान	उर्दू	दैनिक	57025	जिला
LKO-DLY-2808	कौमी खबरें	उर्दू	दैनिक	45000	मंडल
LKO-DLY-6139	कौमी जुबान	उर्दू	दैनिक	25000	जिला
LKO-DLY-6459	कौमी तंजीम	उर्दू	दैनिक	40472	जिला
LKO-DLY-5831	कौमी बयान	उर्दू	दैनिक	25950	जिला
LKO-DLY-13485	कौमी मकसद	उर्दू	दैनिक	16500	जिला
LKO-DLY-2951	कौमी मुकाम	उर्दू	दैनिक	77745	मंडल
LKO-DLY-7108	कौमी मोहाज	उर्दू	दैनिक	5250	जिला
LKO-DLY-5584	कौमी रफ़्तार	उर्दू	दैनिक	16581	जिला
LKO-DLY-7626	कौमी सफीर	उर्दू	दैनिक	25500	जिला
LKO-DLY-8010	कौमी समाज	उर्दू	दैनिक	25000	जिला
LKO-DLY-5978	कौमी हमसफर	उर्दू	दैनिक	25000	जिला
LKO-DLY-5288	कौमी हालात	उर्दू	दैनिक	26750	जिला
LKO-DLY-6044	खबर मुक्तसर	उर्दू	दैनिक	25000	जिला
LKO-DLY-5847	खबर-ए-हिन्द	उर्दू	दैनिक	25000	जिला

LKO-DLY-13372	खैरियत	उर्दू	दैनिक	5200	जिला
LKO-DLY-5291	खरी कसौटी	हिंदी	दैनिक	36400	जिला
LKO-DLY-5024	खुशबू-ए-हिंद	उर्दू	दैनिक	16250	जिला
LKO-DLY-1319	गंगा ज्योति	हिंदी	दैनिक	25000	जिला
LKO-DLY-4200	गुजरा जमाना	उर्दू	दैनिक	16203	जिला
LKO-DLY-5205	ग्रुप 5 समाचार	हिंदी	दैनिक	55036	जिला
LKO-DLY-6497	ग्राम्य वार्ता	हिंदी	दैनिक	35640	जिला
LKO-DLY-4226	ग्रामीण सहारा	उर्दू	दैनिक	46750	जिला
LKO-DLY-1261	ग्रामीण सहारा	हिंदी	दैनिक	25000	जिला
LKO-DLY-6528	गरीब नवाज	उर्दू	दैनिक	5200	जिला
LKO-DLY-7615	ग्लिम्प्स ऑफ इण्डिया	अंग्रेजी	दैनिक	15600	जिला
LKO-DLY-7365	गांव कनेक्शन	हिंदी	दैनिक	65200	जिला
LKO-DLY-5277	गांव देश	हिंदी	दैनिक	25000	जिला
LKO-DLY-7582	गांव से शहर की खबर	हिंदी	दैनिक	26500	जिला
LKO-DLY-8005	गोमती आवाज	हिंदी	दैनिक	25000	जिला
LKO-DLY-4501	चेतना राष्ट्र पहरी	हिंदी	दैनिक	27000	जिला
LKO-DLY-1254	चेतना विचारधारा	हिंदी	दैनिक	41380	जिला
LKO-DLY-3041	चर्चित राजनीति	हिंदी	दैनिक	35646	जिला
LKO-DLY-6098	चित्रकूट कामदगिरी गौरव	हिंदी	दैनिक	10860	जिला
LKO-DLY-5104	चौथा सुतून	उर्दू	दैनिक	25157	जिला
LKO-DLY-2308	जदीद अमल	उर्दू	दैनिक	25000	जिला

LKO-DLY-4234	जदीद आवाम	उर्दू	दैनिक	15683 जिला
LKO-DLY-3876	जदीद आवाज़ -ए- मरकज़	उर्दू	दैनिक	58150 जिला
LKO-DLY-4193	जदीद हुजूम	उर्दू	दैनिक	25000 जिला
LKO-DLY-4140	जन उत्कर्ष पत्रिका	हिंदी	दैनिक	66650 जिला
LKO-DLY-4374	जन एक्सप्रेस	हिंदी	दैनिक	25000 जिला
LKO-DLY-7001	जन माध्यम	हिंदी	दैनिक	36555 जिला
LKO-DLY-4512	जन संदेश टाइम्स	हिंदी	दैनिक	24967 जिला
LKO-DLY-5909	जनता और कानून	हिंदी	दैनिक	5350 जिला
LKO-DLY-6200	जनता का सफर	हिंदी	दैनिक	15200 जिला
LKO-DLY-7172	जनमोर्चा	हिंदी	दैनिक	25000 जिला
LKO-DLY-8017	जनलोक चिंतक	हिंदी	दैनिक	16383 जिला
LKO-DLY-13897	जनशक्ति मूवमेन्ट	हिंदी	दैनिक	5600 जिला
LKO-DLY-3591	जनसत्ता	हिंदी	दैनिक	24945 जिला
LKO-DLY-5737	जुबाने अवध	उर्दू	दैनिक	16139 जिला
LKO-DLY-5254	जम्हूरियत का चौथा सुतून	उर्दू	दैनिक	16139 जिला
LKO-DLY-7565	जमीनी सच	उर्दू	दैनिक	16094 जिला
LKO-DLY-7130	जवांदोस्त	उर्दू	दैनिक	16400 जिला
LKO-DLY-5766	जवाहर दर्शन	हिंदी	दैनिक	70975 जिला
LKO-DLY-3889	जसरत जदीद	उर्दू	दैनिक	52500 जिला
LKO-DLY-1237	जागरण	हिंदी	दैनिक	380979 मंडल
LKO-DLY-2834	जायजा डेली	उर्दू	दैनिक	5100 जिला

LKO-DLY-2821	जिज्ञासा कुंज	हिंदी	दैनिक	15900 जिला
LKO-DLY-6047	टूडे वाइस	हिंदी	उर्दू	30589 जिला
LKO-DLY-6500	टेंडर आक्सन समाचार	हिंदी एवं अंग्रेजी	दैनिक	30589 जिला
LKO-DLY-5582	टेलीग्राफ इण्डिया	अंग्रेजी	दैनिक	73412 जिला
LKO-DLY-1280	टाइम्स ऑफ इंडिया	अंग्रेजी	दैनिक	50938 जिला
LKO-DLY-6496	टाइम्स डे	उर्दू	दैनिक	35400 जिला
LKO-DLY-6510	टाइम्स डे	अंग्रेजी	दैनिक	20750 जिला
LKO-DLY-7343	डे न्यूज	हिंदी	दैनिक	20750 जिला
LKO-DLY-13418	डेजी टाइम्स	हिंदी	दैनिक	15120 जिला
LKO-DLY-5014	डेली न्यूज एक्टिविस्ट	हिंदी	दैनिक	50193 मंडल
LKO-DLY-5735	डेली न्यूज एक्टिविस्ट	उर्दू	दैनिक	25000 जिला
LKO-DLY-6856	तफसील	उर्दू	दैनिक	15350 जिला
LKO-DLY-7262	तबलील टाइम्स	उर्दू	दैनिक	15500 जिला
LKO-DLY-7568	तर्जुमान–ए–अवध	उर्दू	दैनिक	11295 जिला
LKO-DLY-13903	तरूण प्रवाह	हिंदी	दैनिक	15150 जिला
LKO-DLY-3078	तरूण मित्र	हिंदी	दैनिक	65016 मंडल
LKO-DLY-7205	तामीर–ए–नव	उर्दू	दैनिक	15750 जिला
LKO-DLY-6143	तामील मालुमात	उर्दू	दैनिक	5050 जिला
LKO-DLY-13463	तामीलगाह	उर्दू	दैनिक	15200 जिला
LKO-DLY-6087	तिजारत	हिंदी	दैनिक	27500 जिला
LKO-DLY-8373	द एडवरटाजर्स	हिंदी एवं अंग्रेजी	दैनिक	15600 जिला

LKO-DLY-13940	द टाइम्स आफ लीजेण्ड	अंग्रेजी	दैनिक	15600 जिला
LKO-DLY-7058	द डेली रिपोर्ट आफ इण्डिया	उर्दू	दैनिक	26600 जिला
LKO-DLY-1278	द पायनियर	अंग्रेजी	दैनिक	25000 जिला
LKO-DLY-13890	द बैनर	हिंदी	दैनिक	9258 जिला
LKO-DLY-6121	द शहीर टाइम्स	अंग्रेजी	दैनिक	21650 जिला
LKO-DLY-6610	द स्वार्ड आफ इण्डिया	हिंदी	दैनिक	19100 जिला
LKO-DLY-8042	दैनिक भास्कर	हिंदी	दैनिक	22000 जिला
LKO-DLY-5310	दुनियाबी खबरें	हिंदी	दैनिक	15300 जिला
LKO-DLY-6487	दुनियाबी हकीकत	उर्दू	दैनिक	25000 जिला
LKO-DLY-6808	दर्पण की डगर	हिंदी	दैनिक	24100 जिला
LKO-DLY-7601	दलील	उर्दू	दैनिक	5100 जिला
LKO-DLY-2382	देश की आन	हिंदी	दैनिक	58356 मंडल
LKO-DLY-8270	दहकती खबरें	हिंदी	दैनिक	51100 जिला
LKO-DLY-3682	दि इकोनामिक टाइम्स	अंग्रेजी	दैनिक	4820 जिला
LKO-DLY-13373	दिया टाइम्स	हिंदी	दैनिक	5200 जिला
LKO-DLY-13096	दिशा टाइम्स	हिंदी	दैनिक	15350 जिला
LKO-DLY-6198	दौर-ए-जहां	उर्दू	दैनिक	26873 जिला
LKO-DLY-8044	धर्म निरपेक्ष खबरें	उर्दू	दैनिक	1700 जिला
LKO-DLY-7081	नकीब लखनऊ	हिंदी	दैनिक	15100 जिला
LKO-DLY-7148	नगराज दर्पण	हिंदी	दैनिक	15825 जिला
LKO-DLY-2818	नूतन सत्ता प्रवाह	हिंदी	दैनिक	5500 जिला

LKO-DLY-6498	न्यू इण्डिया हेरेल्ड	हिंदी	दैनिक	35700 जिला
LKO-DLY-6509	न्यू इण्डिया हेरेल्ड	उर्दू	दैनिक	35600 जिला
LKO-DLY-8332	न्यूज अग्गेन	हिंदी	दैनिक	12660 जिला
LKO-DLY-7348	न्यूज गाइड	हिंदी	दैनिक	15650 जिला
LKO-DLY-3032	न्यूज रीडर	हिंदी	दैनिक	12250 जिला
LKO-DLY-5266	नया इंडिया	हिंदी	दैनिक	9221 जिला
LKO-DLY-6149	न्याय का प्रहरी	हिंदी	दैनिक	25000 जिला
LKO-DLY-2330	न्यायधीश	हिंदी	दैनिक	25000 जिला
LKO-DLY-5654	नव दुर्गा टाइम्स	हिंदी	दैनिक	25000 जिला
LKO-DLY-3672	नवकर्मयुग प्रकाशन	हिंदी	दैनिक	22400 जिला
LKO-DLY-6845	नवेद टाइम्स	उर्दू	दैनिक	15865 जिला
LKO-DLY-4566	नवसत्ता	हिंदी	दैनिक	15865 जिला
LKO-DLY-7593	नवाब-ए-लखनऊ	उर्दू	दैनिक	16400 जिला
LKO-DLY-13914	नेशनल डिटेक्टिव	हिंदी	दैनिक	15200 जिला
LKO-DLY-6069	नार्थ इण्डिया स्टेटसमैन	हिंदी	दैनिक	25000 जिला
LKO-DLY-3227	नारदा चर्चा	हिंदी	दैनिक	25800 जिला
LKO-DLY-4233	नारायण एक्सप्रेस	हिंदी	दैनिक	5002 जिला
LKO-DLY-13451	निर्भीक चिन्तन	हिंदी	दैनिक	15900 जिला
LKO-DLY-6100	निलय टाइम्स	हिंदी	दैनिक	15300 जिला
LKO-DLY-3271	निष्पक्ष प्रतिदिन	हिंदी	दैनिक	65062 जिला
LKO-DLY-3096	निष्पक्ष समाचार ज्योति	हिंदी	दैनिक	73760 जिला

LKO-DLY-3323	निष्पक्ष स्वतंत्र राज वार्ता	हिंदी	दैनिक	45408 जिला
LKO-DLY-4382	निष्पक्ष सहारा टाइम्स	हिंदी	दैनिक	26650 जिला
LKO-DLY-7998	नॉव अवध	उर्दू	दैनिक	15150 जिला
LKO-DLY-5287	पत्रकार सत्ता	हिंदी	दैनिक	37634 जिला
LKO-DLY-6521	पब्लिक एशिया	हिंदी	दैनिक	16500 जिला
LKO-DLY-13417	पब्लिक की लहर	हिंदी	दैनिक	2200 जिला
LKO-DLY-8558	प्रकाश वेग	हिंदी	दैनिक	15100 जिला
LKO-DLY-8298	प्रखर विकास	हिंदी	दैनिक	23000 जिला
LKO-DLY-13119	प्रणाम हिन्दुस्तान	हिंदी	दैनिक	15700 जिला
LKO-DLY-13118	प्रतिपल संवाद	हिंदी	दैनिक	5500 जिला
LKO-DLY-134119	प्रतिबिम्ब टाइम्स	हिंदी	दैनिक	9500 जिला
LKO-DLY-6058	प्रतिलोम	हिंदी	दैनिक	25474 जिला
LKO-DLY-6982	प्रदेश प्रहरी	हिंदी	दैनिक	17200 जिला
LKO-DLY-5712	प्रभात	हिंदी	दैनिक	15154 जिला
LKO-DLY-6481	प्रहरी मीमांसा	हिंदी	दैनिक	15200 जिला
LKO-DLY-13371	प्रिंट पावर	अंग्रेजी	दैनिक	5300 जिला
LKO-DLY-4446	प्रिन्स न्यूज	उर्दू	दैनिक	25000 जिला
LKO-DLY-5022	परिवर्तन टाइम्स	अंग्रेजी	दैनिक	15300 जिला
LKO-DLY-13421	प्रोग्रेसिव टाइम्स	हिंदी	दैनिक	15150 जिला
LKO-DLY-4742	पायनियर एलायंस	हिंदी	दैनिक	5050 जिला
LKO-DLY-5758	पिछड़ों के मसीहा	हिंदी	दैनिक	5050 जिला

LKO-DLY-13406	बेबाक लेखक	हिंदी	दैनिक	15350 जिला
LKO-DLY-13883	ब्रम्ह अनुभूति	हिंदी	दैनिक	15350 जिला
LKO-DLY-13095	बल्देव सहारा	हिंदी	दैनिक	25000 जिला
LKO-DLY-6629	बुलन्द आवाज	उर्दू	दैनिक	36431 जिला
LKO-DLY-4361	बलराम एक्सप्रेस	उर्दू	दैनिक	35431 जिला
LKO-DLY-3894	बहुजन की लहर	हिंदी	दैनिक	15300 जिला
LKO-DLY-7364	बहुजन रक्षक	हिंदी	दैनिक	16300 जिला
LKO-DLY-13374	बहुजन समय	हिंदी	दैनिक	15300 जिला
LKO-DLY-7645	बाग-ए-सुर्खिया	उर्दू	दैनिक	15300 जिला
LKO-DLY-3698	बिजनेश स्टैण्डर्ड लिमिटेड	अंग्रेजी	दैनिक	4166 जिला
LKO-DLY-2815	भूमित्र	हिंदी	दैनिक	50971 मंडल
LKO-DLY-15098	भाग्योदय संदेश	हिंदी	दैनिक	9500 जिला
LKO-DLY-13395	भोलेनाथ टाइम्स	हिंदी	दैनिक	18800 जिला
LKO-DLY-13926	मेट्रो लखनऊ	हिंदी	दैनिक	5150 जिला
LKO-DLY-5758	मंत्र भारत	हिंदी	दैनिक	5100 जिला
LKO-DLY-2624	मता-ए-अखियत	उर्दू	दैनिक	15218 जिला
LKO-DLY-2641	मदर	उर्दू	दैनिक	25000 जिला
LKO-DLY-6042	मृदुल आवाज	उर्दू	दैनिक	15450 जिला
LKO-DLY-13090	मरियम टाइम्स	हिंदी	दैनिक	15660 जिला
LKO-DLY-6056	मुल्क नामा	उर्दू	दैनिक	25000 जिला
LKO-DLY-7590	मैसेज ब्यूरो	हिंदी	दैनिक	23400 जिला

LKO-DLY-6690	मुस्लिम दुनिया	उर्दू	दैनिक	537 जिला
LKO-DLY-13918	महबूब-ए-वतन	उर्दू	दैनिक	15300 जिला
LKO-DLY-5023	महाज-ए-जंग	उर्दू	दैनिक	22041 जिला
LKO-DLY-6088	महान नागरिक	हिंदी	दैनिक	5250 जिला
LKO-DLY-13496	महानगर लाइव	हिंदी	दैनिक	5100 जिला
LKO-DLY-4162	मानव जगत	हिंदी	दैनिक	25000 जिला
LKO-DLY-13377	मीडिया परिवार	हिंदी	दैनिक	15200 जिला
LKO-DLY-13420	मोनार्क टाइम्स	हिंदी	दैनिक	16300 जिला
LKO-DLY-5103	युग जागरण	हिंदी	दैनिक	25000 जिला
LKO-DLY-7215	युग जागरण	उर्दू	दैनिक	15100 जिला
LKO-DLY-5208	युग प्रवर्तक टाइम्स	हिंदी	दैनिक	25450 जिला
LKO-DLY-7314	युग वैभव	हिंदी	दैनिक	24500 जिला
LKO-DLY-13882	यूथ एक्शन	हिंदी एव अंग्रेजी	दैनिक	15800 जिला
LKO-DLY-13392	यथार्थ दर्पण	हिंदी	दैनिक	5200 जिला
LKO-DLY-7174	यूनाइटेड भारत	हिंदी	दैनिक	41436 जिला
LKO-DLY-5208	यूनिटी एक्सप्रेस	हिंदी	दैनिक	25000 जिला
LKO-DLY-5208	युवाओं की खबर	हिंदी	दैनिक	16750 जिला
LKO-DLY-7360	रजत एक्सप्रेस	हिंदी	दैनिक	17000 जिला
LKO-DLY-6147	रूद्राक्ष	हिंदी	दैनिक	25474 जिला
LKO-DLY-5762	रूमी उर्दू टाइम्स	उर्दू	दैनिक	25100 जिला
LKO-DLY-13453	राजधानी की आवाज	हिंदी	दैनिक	36375 जिला

LKO-DLY-5208	राजनैतिक दृष्टि	हिंदी	दैनिक	15200 जिला
LKO-DLY-5937	राजधानी बुलेट	हिंदी	दैनिक	22000 जिला
LKO-DLY-3989	राजपथ	हिंदी	दैनिक	15500 जिला
LKO-DLY-13881	रायटर्स टाइम्स	हिंदी	दैनिक	15450 जिला
LKO-DLY-13465	रॉयल न्यूज आफ राजधानी	हिंदी	दैनिक	5050 जिला
LKO-DLY-7761	राष्ट्रकर्म	हिंदी एवं अंगेजी	दैनिक	18300 जिला
LKO-DLY-6706	राष्ट्रीय अवतार	हिंदी	दैनिक	5450 जिला
LKO-DLY-7235	राष्ट्रीय न्यूज एक्सप्रेस	हिंदी	दैनिक	25700 जिला
LKO-DLY-6046	राष्ट्रीय प्रस्तावना	हिंदी	दैनिक	35500 जिला
LKO-DLY-6122	राष्ट्रीय महत्व	हिंदी	दैनिक	25000 जिला
LKO-DLY-6055	राष्ट्रीय सुदर्शन	हिंदी	दैनिक	25550 जिला
LKO-DLY-1266	राष्ट्रीय स्वरूप	हिंदी	दैनिक	36569 जिला
LKO-DLY-1240	राष्ट्रीय सहारा	हिंदी	दैनिक	74910 मंडल
LKO-DLY-5656	रास्ते का राही	हिंदी	दैनिक	15200 जिला
LKO-DLY-3578	राहत टाइम्स	हिंदी	दैनिक	4100 जिला
LKO-DLY-6861	रिदा टाइम्स	उर्दू	दैनिक	5400 जिला
LKO-DLY-6070	रिफत–ए–मुल्क	उर्दू	दैनिक	25000 जिला
LKO-DLY-13155	रीडर मैसन्जर्स	हिंदी	दैनिक	16550 जिला
LKO-DLY-5465	रोज की खबर	हिंदी	दैनिक	25000 जिला
LKO-DLY-6860	रोजनामा	उर्दू	दैनिक	5500 जिला
LKO-DLY-3846	रोजनामा राष्ट्रीय सहारा	हिंदी	दैनिक	38558 जिला

LKO-DLY-6862	रोशन दुनिया	हिंदी	दैनिक	15100 जिला
LKO-DLY-13465	लक्ष्य दर्पण	हिंदी	दैनिक	24000 जिला
LKO-DLY-13465	लखनऊ किरण	हिंदी	दैनिक	17600 जिला
LKO-DLY-13889	लखनऊ का सफर	हिंदी	दैनिक	5600 जिला
LKO-DLY-8326	लखनऊ खुलासा	हिंदी	दैनिक	15100 जिला
LKO-DLY-8326	रोजानामा आयरा	उर्दू	दैनिक	5500 जिला
LKO-DLY-13364	लखनऊ खास खबर	हिंदी	दैनिक	25000 जिला
LKO-DLY-6872	लखनऊ टाइम्स	हिंदी	दैनिक	65100 जिला
LKO-DLY-6034	लखनऊ न्यूज	अंग्रेजी	दैनिक	15350 जिला
LKO-DLY-1243	लखनऊ मेल	हिंदी	दैनिक	25633 जिला
LKO-DLY-5620	लखनऊ लाइव	हिंदी	दैनिक	15100 जिला
LKO-DLY-6195	लखनऊ समाचार वार्ता	हिंदी	दैनिक	51000 जिला
LKO-DLY-13016	लब्बो लुआब	उर्दू	दैनिक	25000 जिला
LKO-DLY-13370	लोक आंगन	हिंदी	दैनिक	5200 जिला
LKO-DLY-13370	लोक नक्षत्र	हिंदी	दैनिक	15500 जिला
LKO-DLY-13397	लोक भारती	हिंदी	दैनिक	35299 जिला
LKO-DLY-7318	लोक मित्र	हिंदी	दैनिक	15650 जिला
LKO-DLY-13068	लोक हस्तक्षेप	हिंदी	दैनिक	25000 जिला
LKO-DLY-4026	लोकप्रिय इंडियन न्यूजपत्र	हिंदी	दैनिक	2100 जिला
LKO-DLY-8043	लोकमत	हिंदी	दैनिक	59875 जिला
LKO-DLY-3039	लोहिया क्रांति	हिंदी	दैनिक	25000 जिला

LKO-DLY-5924	लोहिया दर्पण	हिंदी	दैनिक	25000 जिला
LKO-DLY-6039	लोहिया नामा	उर्दू	दैनिक	15200 जिला
LKO-DLY-4232	लोहिया पथ	हिंदी	दैनिक	25000 जिला
LKO-DLY-13112	लोहिया भूमि	हिंदी	दैनिक	5112 जिला
LKO-DLY-1321	वकर्स हेराल्ड	हिंदी	दैनिक	57524 जिला
LKO-DLY-6141	वैचारिक तूफान	हिंदी	दैनिक	15200 जिला
LKO-DLY-7676	वतन की चर्चा	उर्दू	दैनिक	16400 जिला
LKO-DLY-13375	वतन की रफ्तार	उर्दू	दैनिक	15300 जिला
LKO-DLY-1268	व्यास भारती	हिंदी	दैनिक	25725 जिला
LKO-DLY-1268	वहीद भारत टाइम्स	हिंदी	दैनिक	15100 जिला
LKO-DLY-5620	वायस-आफ ए-टू-जेड	हिंदी	दैनिक	15000 जिला
LKO-DLY-5620	वायस ऑफ लखनऊ	हिंदी	दैनिक	25000 जिला
LKO-DLY-6675	वायस आफ हुजूम	हिंदी	दैनिक	24330 जिला
LKO-DLY-5102	वायस आफ मूवमेंट	हिंदी	दैनिक	24000 जिला
LKO-DLY-8426	वार्तालाप	हिंदी	दैनिक	15100 जिला
LKO-DLY-1314	वारिस-ए-अवध	हिंदी	दैनिक	25000 जिला
LKO-DLY-13410	वास्तविक समाजवाद	हिंदी	दैनिक	15600 जिला
LKO-DLY-1342	विचार सूचक	हिंदी	दैनिक	25000 जिला
LKO-DLY-13879	विजडम वे	हिंदी	दैनिक	15350 जिला
LKO-DLY-13353	विद्या ज्ञान	हिंदी	दैनिक	15050 जिला
LKO-DLY-6484	विद्रोही आंनद	हिंदी	दैनिक	24600 जिला

LKO-DLY-6605	विधान केसरी	हिंदी	दैनिक	75003	मंडल
LKO-DLY-7260	विश्व तूफान	हिंदी	दैनिक	23230	जिला
LKO-DLY-6455	विश्व वार्ता	हिंदी	दैनिक	25000	जिला
LKO-DLY-6036	विश्व विजेता टाइम्स	हिंदी	दैनिक	54398	मंडल
LKO-DLY-7584	वीर अर्जुन	हिंदी	दैनिक	25000	जिला
LKO-DLY-7591	वायस-आफ ए-टू-जेड	हिंदी	दैनिक	25761	जिला
LKO-DLY-7372	शुभ उपचार	हिंदी	दैनिक	49300	जिला
LKO-DLY-5322	शुभ उपचार	हिंदी	दैनिक	18500	जिला
LKO-DLY-5658	शहीदी दरिया	हिंदी	दैनिक	15500	जिला
LKO-DLY-6631	शांति मोर्चा	हिंदी	दैनिक	25101	जिला
LKO-DLY-5925	शान टाइम्स	हिंदी	दैनिक	16937	जिला
LKO-DLY-13898	शीर्षक	हिंदी	दैनिक	15450	जिला
LKO-DLY-6525	शोले	हिंदी	दैनिक	5180	जिला
LKO-DLY-4057	शोले	हिंदी	दैनिक	5175	जिला
LKO-DLY-8023	सुकून की जिन्दगी	हिंदी	दैनिक	16500	जिला
LKO-DLY-8011	सूचना संकलन	उर्दू	दैनिक	37250	जिला
LKO-DLY-6057	सूचना संकलन	हिंदी	दैनिक	25000	जिला
LKO-DLY-13088	सूचना संसार	हिंदी	दैनिक	25000	जिला
LKO-DLY-3779	संचार प्रकाश	उर्दू	दैनिक	57250	मंडल
LKO-DLY-6654	संचार प्रकाश	हिंदी	दैनिक	25000	जिला
LKO-DLY-3777	सत्ता की शान	हिंदी	दैनिक	11584	जिला

LKO-DLY-13394	सत्य संगम	हिंदी	दैनिक	5300 जिला
LKO-DLY-5285	सत्य समाचार बुलेटिन	हिंदी	दैनिक	24200 जिला
LKO-DLY-13086	सर्तक टाइम्स	हिंदी	दैनिक	15200 जिला
LKO-DLY-3776	संदेश वाहक	हिंदी	दैनिक	56401 जिला
LKO-DLY-8404	सदा-ए-मुल्क	उर्दू	दैनिक	21500 जिला
LKO-DLY-6054	सन्दौली टाइम्स	हिंदी	दैनिक	25011 जिला
LKO-DLY-2872	स्पष्ट आवाज	हिंदी	दैनिक	50175 मंडल
LKO-DLY-6630	स्पष्ट खबर	हिंदी	दैनिक	25250 जिला
LKO-DLY-8028	स्पष्ट वक्ता	हिंदी	दैनिक	5440 जिला
LKO-DLY-13454	सुप्रभात जागरण	हिंदी	दैनिक	15000 जिला
LKO-DLY-6960	सुभ्रभात टाइम्स	हिंदी	दैनिक	16200 जिला
LKO-DLY-13088	सूचना संदर्भ	उर्दू	दैनिक	25000 जिला
LKO-DLY-6112	सूचना संदर्भ	हिंदी	दैनिक	15050 जिला
LKO-DLY-3276	सफीर टाइम्स	हिंदी	दैनिक	37200 जिला
LKO-DLY-3299	सबसत	हिंदी	दैनिक	25625 जिला
LKO-DLY-6599	सुबहनामा	हिंदी	दैनिक	65092 मंडल
LKO-DLY-5252	समृद्धि न्यूज	हिंदी	दैनिक	25000 जिला
LKO-DLY-7567	समय की आवाज	हिंदी	दैनिक	15850 जिला
LKO-DLY-6194	समय की सदाकत	हिंदी	दैनिक	24560 जिला
LKO-DLY-6461	समर्थ दैनिक	हिंदी	दैनिक	6900 जिला
LKO-DLY-7648	समाचार समाधान	हिंदी	दैनिक	33128 जिला

LKO-DLY-4548	समाज सूचना	हिंदी	दैनिक	25000	जिला
LKO-DLY-1336	स्माजवाद का उदय	हिंदी	दैनिक	25000	जिला
LKO-DLY-5910	सरकार की उपलब्धियां	उर्दू	दैनिक	8700	जिला
LKO-DLY-5286	सरकार की उपलब्धियां	हिंदी	दैनिक	6700	जिला
LKO-DLY-8006	सरकारी मंथन	हिंदी	दैनिक	15400	जिला
LKO-DLY-3884	सरदार टाइम्स	हिंदी	दैनिक	68522	जिला
LKO-DLY-6052	सूर्योदय भारत	हिंदी	दैनिक	25000	जिला
LKO-DLY-7327	सर्वेजन ब्यूरो	हिंदी	दैनिक	15150	जिला
LKO-DLY-7329	सर्वप्रथम	हिंदी	दैनिक	65500	जिला
LKO-DLY-7713	सरिता प्रवाह ब्यूरों	हिंदी	दैनिक	36121	जिला
LKO-DLY-7569	सरोकार	हिंदी	दैनिक	63650	जिला
LKO-DLY-13916	सलाम टाइम्स	हिंदी	दैनिक	15200	जिला
LKO-DLY-3883	सलारे-ए-हिंद	हिंदी	दैनिक	25000	जिला
LKO-DLY-7169	स्वतंत्र केसरी	हिंदी	दैनिक	15850	जिला
LKO-DLY-1250	स्वतंत्र चेतना	हिंदी	दैनिक	38214	जिला
LKO-DLY-6776	स्वतंत्र दुनिया	हिंदी	दैनिक	16300	जिला
LKO-DLY-5292	स्वतंत्र बात	हिंदी	दैनिक	51375	मंडल
LKO-DLY-1232	स्वतंत्र भारत	हिंदी	दैनिक	65502	मंडल
LKO-DLY-7150	स्वप्निल संसार	हिंदी	दैनिक	5200	जिला
LKO-DLY-8003	स्वर्ग पथ	हिंदी	दैनिक	15500	जिला
LKO-DLY-6205	संवाद प्रतिदिन	हिंदी	दैनिक	25000	जिला

LKO-DLY-6066	सृष्टि मेल	अंग्रेजी	दैनिक	25750	जिला
LKO-DLY-4467	सहेट महेट	हिंदी	दैनिक	25000	जिला
LKO-DLY-7570	सहयात्री	हिंदी	दैनिक	5600	जिला
LKO-DLY-6865	सहर आजाद	उर्दू	दैनिक	74850	जिला
LKO-DLY-1285	सहाफत	हिंदी	दैनिक	50614	मंडल
LKO-DLY-4383	सांई रहमत	हिंदी	दैनिक	25000	जिला
LKO-DLY-4447	सांई लहर	हिंदी	दैनिक	25000	जिला
LKO-DLY-13389	साकेत लहर	हिंदी	दैनिक	15200	जिला
LKO-DLY-3825	साक्षी प्रभात	हिंदी	दैनिक	14500	जिला
LKO-DLY-2827	सांध्य हलचल	हिंदी	दैनिक	24932	जिला
LKO-DLY-13384	सामयिक सहारा	हिंदी	दैनिक	15600	जिला
LKO-DLY-13384	सामाजिक उत्थान	उर्दू	दैनिक	15850	जिला
LKO-DLY-13108	सामाजिक उत्थान	हिंदी	दैनिक	15050	जिला
LKO-DLY-6816	सालार-ए-आवाज	उर्दू	दैनिक	52325	जिला
LKO-DLY-3235	सिटी टाइम्स	हिंदी	दैनिक	56600	जिला
LKO-DLY-13462	सिटी बीट	हिंदी	दैनिक	5300	जिला
LKO-DLY-4469	सिटीजन वॉयस	हिंदी	दैनिक	15241	जिला
LKO-DLY-2797	सियासत जदीद	उर्दू	दैनिक	59285	जिला
LKO-DLY-7239	सियाशी तकदीर	हिंदी	दैनिक	25000	जिला
LKO-DLY-3059	सीधा संवाद	हिंदी	दैनिक	24000	जिला
LKO-DLY-3065	सोशलिस्टों की बात	हिंदी	दैनिक	25750	जिला

LKO-DLY-3265	सौरभ दर्पण	हिंदी	दैनिक	5250	जिला
LKO-DLY-6129	हक और बातिल	उर्दू	दैनिक	5150	जिला
LKO-DLY-6454	हकीकत टुडे	हिंदी	दैनिक	35535	जिला
LKO-DLY-6150	हैदरगढ़ की बात	हिंदी	दैनिक	25000	जिला
LKO-DLY-13461	हमारी मशाल	हिंदी	दैनिक	15350	जिला
LKO-DLY-7334	हुरमत	उर्दू	दैनिक	15800	जिला
LKO-DLY-13924	हरित शक्ति	हिंदी	दैनिक	15500	जिला
LKO-DLY-13094	हलफनामा	हिंदी	दैनिक	15075	जिला
LKO-DLY-4044	हुसैनी टाइम्स	उर्दू	दैनिक	5076	जिला
LKO-DLY-4039	हुसैनी टाइम्स	हिंदी	दैनिक	5076	जिला
LKO-DLY-6501	हाईटेक न्यूज	हिंदी	दैनिक	48137	जिला
LKO-DLY-3119	हालातें वतन	हिंदी	दैनिक	20570	
LKO-DLY-1264	हिन्दुस्तान	हिंदी	दैनिक	163004	मंडल
LKO-DLY-6518	हिन्दुस्तान कलतक	हिंदी	दैनिक	35400	जिला
LKO-DLY-1282	हिन्दुस्तान टाइम्स	अंग्रेजी	दैनिक	10598	जिला

स्रोत : सूचना का अधिकार अधिनियम–2005[159]

उपरोक्तसारणी संख्या–100के अनुसार जनपद–लखनऊ में स्थानीय स्तर एवं राष्ट्रीय स्तर 440समाचार–पत्र प्रकाशित हो रहे हैं। इसके अतिरिक्त राष्ट्रीय गीटिया भागने स्तर गर गहुंच बनागे हुए है।

---

[159] सूचना एवं जन सम्पर्क विभाग, उतरप्रदेश के तहत आरटीआई दिनांक 9 जनवरी 2023

RBL-DLY-5345	अहवाले-ए-वतन	उर्दू	दैनिक	20570 जिला
RBL-DLY-6144	आदिकाल	हिंदी	दैनिक	163004 मंडल
RBL-DLY-2114	आनन्द टाइम्स	हिंदी	दैनिक	35400 जिला
RBL-DLY-13411	कंचन टुडे	अंग्रेजी	दैनिक	10598 जिला
RBL-DLY-3246	कवर ड्राइव	हिंदी	दैनिक	25000 जिला
RBL-DLY-7200	किसान मेल	हिंदी	दैनिक	24900 जिला
RBL-DLY-6456	कौमी ऐलान	उर्दू	दैनिक	16200 जिला
RBL-DLY-5344	चर्चित राजनीति	हिंदी	दैनिक	26200 जिला
RBL-DLY-4137	दिशेरा टाइम्स	हिंदी	दैनिक	22500 जिला
RBL-DLY-7194	यूनिवर्सिटी स्टूडेन्ट एक्सप्रेस	हिंदी	दैनिक	69450 जिला
RBL-DLY-4237	रायल न्यूज आफ राजधानी	हिंदी	दैनिक	25000 जिला
RBL-DLY-4353	रोशन लहरी	उर्दू	दैनिक	25000 जिला
RBL-DLY-2113	लखनऊ मेल	हिंदी	दैनिक	17000 जिला
RBL-DLY-3834	लोहिया क्रान्ति	हिंदी	दैनिक	24217 जिला
RBL-DLY-5526	हैलो इंडिया	हिंदी	दैनिक	15300 जिला
RBL-DLY-6045	हैलो न्यूज	हिंदी	दैनिक	15300 जिला
RBL-DLY-6045	नव सत्ता	उर्दू	दैनिक	25340 जिला
RBL-DLY-6045	नवसत्ता	हिंदी	दैनिक	5300 जिला

RBL-DLY-6045	नायक	हिंदी	दैनिक	15650	जिला
RBL-DLY-6045	प्रथम सूचना	हिंदी	दैनिक	5400	जिला
RBL-DLY-6045	बैसवारा टाइम्स	हिंदी	दैनिक	22500	जिला

स्रोत : सूचना का अधिकार अधिनियम–2005[160]

उपरोक्तसारणी संख्या-101के अनुसार जनपद-रायबरेली में स्थानीय स्तर पर बाईस समाचार-पत्र प्रकाशित हो रहे हैं। इसके अतिरिक्त राष्ट्रीय मीडिया अपने स्तर पर पहुंच बनाये हुए है।

सारणी संख्या-102

जनपद- सीतापुर

STR-DLY-7087	अनमोल घड़ी	उर्दू	दैनिक	17000	जिला
STR-DLY-13121	अभय विचार	हिंदी	दैनिक	15200	जिला
STR-DLY-5759	जमीरे अवध जदीद	उर्दू	दैनिक	16500	जिला
STR-DLY-4362	देश की रोशनी	अंग्रेजी	दैनिक	25000	जिला
STR-DLY-7197	पंचपथ	उर्दू	दैनिक	15200	जिला
STR-DLY-4186	प्रतिपल संवाद	हिंदी	दैनिक	5250	जिला
STR-DLY-6814	बरकात नामा	उर्दू	दैनिक	23700	जिला
STR-DLY-1938	राष्ट्र संदेश	हिंदी	दैनिक	11642	जिला
STR-DLY-5597	रोशन लहरी	उर्दू	दैनिक	15460	जिला
STR-DLY-1934	व्यास भारती	हिंदी	दैनिक	11067	जिला
STR-DLY-7291	हमारी उर्दू जुबान	उर्दू	दैनिक	15537	जिला

स्रोत : सूचना का अधिकार अधिनियम–2005[161]

---

[160]सूचना एवं जन सम्पर्क विभाग, उतरप्रदेश के तहत आरटीआई दिनांक 9 जनवरी 2023

[161]सूचना एवं जन सम्पर्क विभाग, उतरप्रदेश के तहत आरटीआई दिनांक 9 जनवरी 2023

उपरोक्तसारणी संख्या-102के अनुसार जनपद-सीतापुर में स्थानीय स्तर पर ग्यारह समाचार-पत्र प्रकाशित हो रहे है। इसके अतिरिक्त राष्ट्रीय मीडिया अपने स्तर पर पहुंच बनाये हुए है।

सारणी संख्या-103

जनपद- उन्नाव

UNO-DLY-7688	आवाज-ए-अवध	उर्दू	दैनिक	15113 जिला
UNO-DLY-2066	उन्नाव टाइम्स	हिंदी	दैनिक	15100 मंडल
UNO-DLY-6604	देश प्रदेश संदेश	उर्दू	दैनिक	24300 जिला
UNO-DLY-8266	दस अंगुलियां	हिंदी	दैनिक	5056 जिला
UNO-DLY-8266	भारत कनेक्ट	हिंदी	दैनिक	25500 जिला
UNO-DLY-5768	रणस्थली	उर्दू	दैनिक	15041 जिला
UNO-DLY-2068	वृतान्त	हिंदी	दैनिक	35328 जिला
UNO-DLY-3052	विचार सूचक	हिंदी	दैनिक	25000 जिला
UNO-DLY-3685	सूचना संसार	हिंदी	दैनिक	25000 जिला
UNO-DLY-6588	सहेट महेट	हिंदी	दैनिक	25000 जिला

स्त्रोत : सूचना का अधिकार अधिनियम-2005[162]

उपरोक्तसारणी संख्या-103के अनुसार जनपद-उन्नाव में स्थानीय स्तर पर दस समाचार-पत्र प्रकाशित हो रहे है। इसके अतिरिक्त राष्ट्रीय मीडिया अपने स्तर पर पहुंच बनाये हुए है।

---

[162]सूचना एवं जन सम्पर्क विभाग, उतरप्रदेश के तहत आरटीआई दिनांक 9 जनवरी 2023

2.23 सहारनपुर मंडल में प्रिंट मीडिया

सारणी संख्या-104

जनपद-मुजफ्फरनगर

MFR-DLY-148	अमरीश समाचार बुलेटिन	हिंदी	दैनिक	21540 जिला
MFR-DLY-5307	चौगामा टाइम्स	हिंदी	दैनिक	24650 मंडल
MFR-DLY-142	दैनिक सूरज केसरी	उर्दू	दैनिक	25000 जिला
MFR-DLY-5338	नयन जागृति	हिंदी	दैनिक	17000 जिला
MFR-DLY-4884	नव चेतन सत्यभाष	हिंदी	दैनिक	15250 जिला
MFR-DLY-146	पूरव पश्चिम ज्योति	उर्दू	दैनिक	55110 जिला
MFR-DLY-140	पश्चिम ज्योति	हिंदी	दैनिक	25000 जिला
MFR-DLY-3270	पश्चिमांचल दर्शन	हिंदी	दैनिक	21346 जिला
MFR-DLY-147	मुजफ्फरनगर उजाला	हिंदी	दैनिक	24850 जिला
MFR-DLY-4016	मुद्गल टाइम्स	हिंदी	दैनिक	24850 जिला
MFR-DLY-136	रायल बुलेटिन	हिंदी	दैनिक	25000 जिला
MFR-DLY-138	शाह टाइम्स मुजफ्फरनगर	हिंदी	दैनिक	44186 जिला
MFR-DLY-5938	रोजाना	हिंदी	दैनिक	25000 जिला
MFR-DLY-5653	सियासत नामा	उर्दू	दैनिक	25000 जिला
MFR-DLY-135	मुजफ्फरनगर बुलेटिन	हिंदी	दैनिक	25000 जिला
MFR-DLY-7613	जगचर्चा टाइम्स	उर्दू	दैनिक	24700 जिला

स्रोत : सूचना का अधिकार अधिनियम-2005[163]

उपरोक्तसारणी संख्या-104 के अनुसार जनपद-मुजफ्फरनगरमें स्थानीय स्तर पर सौलह समाचार-पत्र प्रकाशित हो रहे है। इसके अतिरिक्त राष्ट्रीय मीडिया अपने स्तर पर पहुंच बनाये हुए है।

---

[163] सूचना एवं जन सम्पर्क विभाग, उतरप्रदेश के तहत आरटीआई दिनांक 9 जनवरी 2023

सारणी संख्या–105

जनपद– सहारनपुर

SHR-DLY-6053	अमन-ए-मुल्क	उर्दू	दैनिक	5450	जिला
SHR-DLY-7349	अमर चिंगारी	हिंदी	दैनिक	25000	जिला
SHR-DLY-5858	अवधनामा	उर्दू	दैनिक	2000	जिला
SHR-DLY-6053	इंकलाब	हिंदी	दैनिक	50365	जिला
SHR-DLY-6522	कलयुग दर्पण	हिंदी	दैनिक	25000	जिला
SHR-DLY-84	कलयुग दर्पण	उर्दू	दैनिक	25000	जिला
SHR-DLY-7293	देश दुलारा	हिंदी	दैनिक	15150	जिला
SHR-DLY-2783	दि हॉक	अंग्रेजी	दैनिक	64600	जिला
SHR-DLY-2374	प्रधान टाइम्स	हिंदी	दैनिक	70500	जिला
SHR-DLY-87	बद्री विशाल	हिंदी	दैनिक	75000	जिला
SHR-DLY-83	मनीष टाइम्स	हिंदी	दैनिक	25000	जिला
SHR-DLY-2307	मानव जगत	हिंदी	दैनिक	25000	जिला
SHR-DLY-82	विश्वमानव	हिंदी	दैनिक	25000	जिला
SHR-DLY-6517	सरोहा बुलटिन	हिंदी	दैनिक	85216	जिला
SHR-DLY-4495	सोराहा बुलेटिन	हिंदी	दैनिक	44999	जिला
SHR-DLY-4530	हिन्दुस्तान एक्सप्रेस	अंग्रेजी	दैनिक	47612	जिला
SHR-DLY-2784	हॉक	हिंदी	दैनिक	65800	मंडल

स्रोत : सूचना का अधिकार अधिनियम–2005[164]

उपरोक्तसारणी संख्या–105 के अनुसार जनपद सहारनपुर में स्थानीय स्तर पर सत्तरह समाचार-पत्र प्रकाशित हो रहे है। इसके अतिरिक्त राष्ट्रीय मीडिया अपने स्तर पर पहुंच बनाये हुए है।

---

[164] सूचना एवं जन सम्पर्क विभाग, उतरप्रदेश के तहत आरटीआई दिनांक 9 जनवरी 2023

सारणी संख्या-106

जनपद- शामली

| SMLI-DLY-6053 | अपार भारत शक्ति | उर्दू | दैनिक | 15500 | जिला |
| SMLI-DLY-6053 | हरित शक्ति | हिंदी | दैनिक | 15083 | जिला |

स्रोत : सूचना का अधिकार अधिनियम-2005[165]

उपरोक्तसारणी संख्या-106जनपद-शामली में स्थानीय स्तर पर एक समाचार-पत्र प्रकाशित हो रहा है। इसके अतिरिक्त राष्ट्रीय मीडिया अपने स्तर पर पहुंच बनाये हुए है।

2.24 गोरखपुर मंडल में प्रिंट मीडिया

सारणी संख्या-107

जनपद- देवरिया

DAV-DLY-783	आकाश मार्ग	उर्दू	दैनिक	31570	जिला
DAV-DLY-786	एकता हमारी प्राचीन परम्परा है	हिंदी	दैनिक	44510	जिला
DAV-DLY-7628	जगत आशा	हिंदी	दैनिक	15100	जिला
DAV-DLY-783	दूधनाथ संदेश	हिंदी	दैनिक	15100	जिला
DAV-DLY-788	देवरिया एक्सप्रेस	हिंदी	दैनिक	15100	जिला
DAV-DLY-789	पंचभुज	हिंदी	दैनिक	37000	जिला
DAV-DLY-784	सीमा रेखा	हिंदी	दैनिक	15100	जिला
DAV-DLY-3558	हमारी मंजिल महान	उर्दू	दैनिक	15600	जिला
DAV-DLY-785	हिन्दुस्तान का स्वरूप	हिंदी	दैनिक	36000	जिला

स्रोत : सूचना का अधिकार अधिनियम-2005[166]

उपरोक्तसारणी संख्या-106 के अनुसार जनपद-देवरिया में स्थानीय स्तर पर नौ समाचार-पत्र प्रकाशित हो रहे है। इसके अतिरिक्त राष्ट्रीय मीडिया अपने स्तर पर पहुंच बनाये हुए है।

---

[165] सूचना एवं जन सम्पर्क विभाग, उतरप्रदेश के तहत आरटीआई दिनांक 9 जनवरी 2023

[166] सूचना एवं जन सम्पर्क विभाग, उतरप्रदेश के तहत आरटीआई दिनांक 9 जनवरी 2023

जनपद–गोरखपुर

GKP-DLY-3442	अमर उजाला	उर्दू	दैनिक	102312मंडल
GKP-DLY-5916	आई नेक्स्ट	हिंदी	दैनिक	26643 जिला
GKP-DLY-5929	आग	हिंदी	दैनिक	5562 जिला
GKP-DLY-414	आज	हिंदी	दैनिक	15054 जिला
GKP-DLY-8269	आदर्श जीवन	हिंदी	दैनिक	5300 जिला
GKP-DLY-456	गोरखपुर केसरी	हिंदी	दैनिक	5300 जिला
GKP-DLY-454	गोरखपुर मेल	हिंदी	दैनिक	15600 जिला
GKP-DLY-431	चेतना विचारधारा	उर्दू	दैनिक	51406 जिला
GKP-DLY-6196	जनसंदेश टाइम्स	हिंदी	दैनिक	25000 जिला
GKP-DLY-4156	जसरत जदीद	हिंदी	दैनिक	25000 जिला
GKP-DLY-410	जागरण	हिंदी	दैनिक	118257मंडल
GKP-DLY-2399	बात चक्र	हिंदी	दैनिक	24417 जिला
GKP-DLY-13367	मैनपुरी दर्शन	हिंदी	दैनिक	6200 जिला
GKP-DLY-464	मशरिकी आवाज	हिंदी	दैनिक	60575 जिला
GKP-DLY-5111	यूनिवर्स रिपोर्टर	हिंदी	दैनिक	15600 जिला
GKP-DLY-439	राष्ट्र चिन्ह	हिंदी	दैनिक	15700 जिला
GKP-DLY-482	राष्ट्रीय लोकवाणी	हिंदी	दैनिक	16200 जिला
GKP-DLY-461	राष्ट्रीय समय चक्र	हिंदी	दैनिक	15350 जिला
GKP-DLY-416	राष्ट्रीय सहारा	हिंदी	दैनिक	58104 जिला

GKP-DLY-7602	रोजनामा	हिंदी	दैनिक	17408 जिला
GKP-DLY-2342	गोरखनगरी	हिंदी	दैनिक	24417
GKP-DLY-3824	रोजनामा राप्ती	हिंदी	दैनिक	65812
GKP-DLY-5662	स्पष्ट आवाज	हिंदी	दैनिक	59371
GKP-DLY-422	स्वतंत्र चेतना	हिंदी	दैनिक	6773
GKP-DLY-3998	स्वतंत्र जनभारती	हिंदी	दैनिक	15300
GKP-DLY-2824	स्वतंत्र जनमित्र	हिंदी	दैनिक	15300
GKP-DLY-4123	सांध्य हिंदी	हिंदी	दैनिक	14000
GKP-DLY-5882	हिन्दुस्तान	हिंदी	दैनिक	56422 मंडल

स्रोत : सूचना का अधिकार अधिनियम–2005[167]

उपरोक्तसारणी संख्या–107के अनुसार जनपद–गोरखपुर में स्थानीय स्तर पर अठाईस समाचार-पत्र प्रकाशित हो रहे हैं। इसके अतिरिक्त राष्ट्रीय मीडिया अपने स्तर पर पहुंच बनाये हुए है।

2.25 अलीगढ़ मंडल में प्रिंट मीडिया

सारणी संख्या–109
जनपद– अलीगढ़

ALR-DLY-3443	अमर उजाला	हिंदी	दैनिक	56155 जिला
ALR-DLY-4300	अमर प्रकाश	हिंदी	दैनिक	18500 जिला
ALR-DLY-4603	अवधनामा	उर्दू	दैनिक	2000जिला
ALR-DLY-465	प्रकाश	हिंदी	दैनिक	35637 जिला
ALR-DLY-466	प्रावदा	हिंदी	दैनिक	35191 जिला

---

[167] सूचना एवं जन सम्पर्क विभाग, उतरप्रदेश के तहत आरटीआई दिनांक 9 जनवरी 2023

ALR-DLY-465	मशाले-ए-आजादी	हिंदी	दैनिक	15600	जिला
ALR-DLY-468	राजपथ	हिंदी	दैनिक	35508	जिला
ALR-DLY-5303	रोजनामा आवामी आजादी	उर्दू	दैनिक	24500	जिला
ALR-DLY-5311	शहीदी दरिया	हिंदी	दैनिक	15500	जिला
ALR-DLY6505	सहर आजाद	उर्दू	दैनिक	15900	जिला
ALR-DLY-6505	हिन्दुस्तान	हिंदी	दैनिक	18464	जिला
ALR-DLY-5761	हिन्दूस्तान	हिंदी	दैनिक	18464	जिला

स्त्रोत : सूचना का अधिकार अधिनियम-2005[168]

उपरोक्तसारणी संख्या-109 जनपद-अलीपुर में स्थानीय स्तर पर बारह समाचार-पत्र प्रकाशित हो रहे है। इसके अतिरिक्त राष्ट्रीय मीडिया अपने स्तर पर पहुंच बनाये हुए है।

सारणी संख्या-110
जनपद- एटा

ETA-DLY-508	जिला टाइम्स	हिंदी	दैनिक	14050	जिला
ETA-DLY-13900	शान समाचार	हिंदी	दैनिक	10300	जिला

स्त्रोत : सूचना का अधिकार अधिनियम-2005[169]

उपरोक्तसारणी संख्या-110जनपद-एटा में स्थानीय स्तर पर दोसमाचार-पत्र प्रकाशित हो रहे है। इसके अतिरिक्त राष्ट्रीय मीडिया अपने स्तर पर पहुंच बनाये हुए है।

सारणी संख्या-111
जनपद- हाथरस

HTS-DLY-6677	भव्य भारत	हिंदी	दैनिक	15542	जिला

स्त्रोत : सूचना का अधिकार अधिनियम-2005[170]

उपरोक्तसारणी संख्या-111के अनुसार जानपद-हाथरस में स्थानीय स्तर पर एक समाचार-पत्र प्रकाशित हो रहा है। इसके अतिरिक्त राष्ट्रीय मीडिया अपने स्तर पर पहुंच बनाये हुए है।

---

[168] सूचना एवं जन सम्पर्क विभाग, उतरप्रदेश के तहत आरटीआई दिनांक 9 जनवरी 2023

[169] सूचना एवं जन सम्पर्क विभाग, उतरप्रदेश के तहत आरटीआई दिनांक 9 जनवरी 2023

[170] सूचना एवं जन सम्पर्क विभाग, उतरप्रदेश के तहत आरटीआई दिनांक 9 जनवरी 2023

सारणी संख्या-112

जनपद- कासगंज

KSG-DLY-5028	बदायूं	हिंदी	दैनिक	15100 जिला

स्रोत : सूचना का अधिकार अधिनियम-2005[171]

उपरोक्तसारणी संख्या-112 के अनुसार जनपद-हाथरस में स्थानीय स्तर पर एक समाचार-पत्र प्रकाशित हो रहा है। इसके अतिरिक्त राष्ट्रीय मीडिया अपने स्तर पर पहुंच बनाये हुए है।

उपरोक्त समस्त सारणियों के अनुसार उत्तरप्रदेश में दिनांक 9 जनवरी 2023 तक हिंदी, उर्दू, पंजाबी, संस्कृत भाषाओं के स्थानीय स्तर पर कुल 1157 समाचार-पत्रों का प्रकाशन हो रहा है।इस अर्थ में ये कहे कि उत्तरप्रदेश में पांच भाषाओं का प्रिंट मीडिया अपने-अपने स्तर पर लोगों तक प्रत्येक क्षेत्र की सूचनाओं से उन्हें विकसित कर रहा है। पाठकों को इसके दूसरे पहलुओं पर भी नजर डालने की आवश्यकता है कि स्थानीय मीडिया के विश्लेषण के आधार पर यह लिखा जा सकता है कि सूचनाओं का लोगों तक पहुंचना उनके विकास प्रयाय है, जहां-जहां स्थानीय स्तर का प्रिंट मीडिया सशक्त है।इसके अतिरिक्त उत्तरप्रदेश के वे जनपद जहां-जहां स्थानीय स्तर का प्रिंट मीडिया सश्क्त नहीं है वहां-वहां सूचनाओं के अभाव में ज्यादा लोग विकसित नहीं हैं, बेशक वहां राष्ट्रीय प्रिंट और इलेक्ट्रानिक मीडिया का प्रभाव हो।

प्रिय पाठक अध्याय-2 के आधार पर हम निष्कर्ष के अहम बिंदुओं पर अपना ध्याय केंद्रित कर सकते है जो इस प्रकार से है-

1. उत्तरप्रदेश राज्य की 22 करोड़ जनसंख्या में केंद्र सरकार एवं राज्य सरकार की जनकल्याणकारी नीतियों को जन-जन तक पहुंचाने में स्थानीय स्तर पर पांच भाषाओं (हिंदी, उर्दू, अंग्रेजी, पंजाबी, संस्कृत) का प्रिंट मीडिया अपने-अपने स्तर पर लोगों को विकसित करने में अपनी महत्त्वपूर्ण भूमिका अदा कर रहा है।

2. उत्तरप्रदेश में **बरेली के अंतर्गत** बादांयू, बरेली, पीलीभीत, शाहजहांपुर-27, **फैजाबाद के अंतर्गत**-अम्बेडकरनगर, बाराबंकी, अयोध्या सुल्तानपुर, अमेठी-57, **दैवीपाटन के अंतर्गत**-बहराइच, बलरामपुर, गोण्डा, श्रावस्ती-18, **आगरा के अंतर्गत** आगरा, फिरोजाबाद, मैनपुरी, मथुरा-45, **आजमगढ़ के अंतर्गत** आजमगढ़, बलिया, मऊ-21, **इलाहाबाद के अंतर्गत** प्रयागराज, फतेहपुर, कौशाम्बी, प्रतापगढ़-76, **कानपुर के अंतर्गत** औरेया, इटावा, फरूखाबाद, कानपुर देहात, कानपुर, कन्नौज-72, **चित्रकूटधाम के अंतर्गत**-बांदा, चित्रकुट, हमीरपुर, महोबा-18, **झांसी के अंतर्गत**-जालौन, झांसी, ललितपुर-28, **बरेली**-बादांयू, बरेली, पीलीभीत, शाहजहांपुर-27, **बस्ती**-बस्ती, सिद्धार्थनगर, संतकबीर नगर-24, **मिर्जापुर**-मिर्जापुर, सोनभद्र, संत रविदास नगर-14, **मुरादाबाद**-बिजनौर, अमरोहा, मुरादाबाद, रामपुर, सबंल-27, **मेरठ**-बागपत, बुलन्दशहर, गौतमबुद्ध नगर, गाजियाबाद, मेरठ, हापुड़-100, **लखनऊ**-हरदोई, लखीमपुरखीरी, लखनऊ, रायबरेली, सीतापुर, उन्नाव-510, **सहारनपुर**-मुजफरनगर, सहारनपुर, शामली-35, **गोरखपुर**-देवरिया, कुशीनगर, महाराजगंज-43, **अलीगढ़**-अलीगढ़, हाथरस, कासगंज-16 समाचार पत्रों के माध्यम से सूचनाओं का विस्तार हो रहा है।

3. उत्तरप्रदेश के लखनऊ मंडल में सबसे अधिक 510 समाचार-पत्र एवं मिर्जापुर में सबसे कम समाचार-पत्रों-16 का प्रकाशन हो रहा है।

4. उत्तरप्रदेश के कुल 18 मंडलों में से कुल 16 मंडलों में 100 से कम समाचार-पत्रों का प्रकाशन है, ही 2 मंडलों में 100 से ज्यादा समाचार-पत्रों का प्रकाशन है। पाठक इस तथ्य से भलीभांति परिचित हो जाये कि उत्तरप्रदेश की राजधानीलखनऊ के अंतर्गत मंडलों में अधिक समाचार पत्रों का प्रकाशन हो रहा है जबकि अन्य मंडल संख्या-100 के दायरे से भी बाहर है।

---

[171] सूचना एवं जन सम्पर्क विभाग, उतरप्रदेश के तहत आरटीआई दिनांक 9 जनवरी 2023

3.1 मान्यता प्राप्त मीडिया कर्मियों की स्थिति

3.2 राज्य स्तरीय पत्रकारों की सूचीसंख्या

3.3 जिला स्तरीय पत्रकारों की सूची संख्या

3.4 मीडिया संगठन

3.5 प्रिंट मीडिया में करिअर

3.1 मान्यता प्राप्त मीडिया कर्मियों की स्थिति

उत्तरप्रदेश प्रदेश सरकार केसूचना एवं जनसम्पर्क विभाग शासन एवं जनता के बीच एक मजबूत कड़ी की भूमिका निभाता है। उत्तरप्रदेश प्रदेश शासन द्वारा जनहित में शासन की नीतियों, कार्यक्रमों, योजनाओं, उपलब्धियों तथा घोषणाओं की जानकारी समाचार-पत्रों, पत्रिकाओं, इलेक्ट्रानिक मीडिया, दूरदर्शन, आकाशवाणी, सोशल मीडिया आदि के द्वारा जनता तक पहुँचाने का महत्वपूर्ण दायित्व इसी विभाग के पास है।

राज्य मुख्यालय पर प्रेस मान्यता प्राप्त मीडिया प्रतिनिधियों की एक अद्यतन सूची के अनुसार प्रिंट मीडिया से संबंधित संवाददाता, फोटोग्राफर इलेक्ट्रानिक मीडिया से संबंधित संवाददाता, कैमरामेन, रेडियो पत्रकार, एंजेसी पत्रकार, स्वतंत्र पत्रकारों एवं वरिष्ठ पत्रकारों को सम्मिलित किया गया जिसकी मान्यता कार्ड की वैधता अवधि 31 दिसम्बर, 2021 तक रखी। इस तरह सभी प्रकार के पत्रकारों की सूची इस प्रकार से है-

3.2 राज्य स्तरीय पत्रकारों की सूची संख्या

सारणी संख्या-113

राज स्तरीय पत्रकार की सूची- वैधता अवधि 31 दिसम्बर, 2021 तक

1.	प्रिंट मीडिया	540
2.	इलेक्ट्रानिक मीडिया	160
3.	स्वतंत्र पत्रकार	102
4.	वरिष्ठ पत्रकार	58
5.	कुल संख्या	860

स्रोत : https://information.up.gov.in[172]

उपरोक्त सारणी संख्या-113 के अनुसार राज्य में मान्यता कार्ड की वैघता अवधि 31 दिसंबर 2012 तक प्रिंट मीडिया- 540, इलेक्ट्रानिक मीडिया-160, स्वतंत्र पत्रकार-102, वरिष्ठ पत्रकार-58 रहे जिनकी कुल संख्या-860 रही है।

सारणी संख्या-114

राज स्तरीय पत्रकारों का लिगांनुपात- वैधता अवधि 31 दिसम्बर, 2021 तक

1.	पुरुष पत्रकार	811
2.	महिला पत्रकार	49
3.	कुल जोड़	860

स्रोत : https://information.up.gov.in[173]

उपरोक्त सारणी संख्या-114 के अनुसार राज स्तरीय पत्रकारों का लिगांनुपात- वैधता अवधि 31 दिसम्बर, 2021 तक कुल संख्या-860 पत्रकारों मे से पुरुष पत्रकार- 811, महिला पत्रकार-49 है।

---

[172]https://information.up.gov.in/sites/default/files/documents/press1.pdf
[173]https://information.up.gov.in/sites/default/files/documents/press1.pdf

3.3जिला स्तरीय पत्रकारों कीनाम सूची

सारणी संख्या–115

जनपद महोबा के मान्यता प्राप्त पत्रकारों की सूची–

क ,0सं0	मीडिया प्रतिनिधि का नाम	पदनाम	संबंधित प्रेस एवं स्थान
1.	श्री नईम अंसारी	ब्यूरो चीफ	दैनिक आज
2.	श्री हरी कृष्ण	संवाददाता	यूएनआई
3.	श्री अशोक कुमार बाजपेयी	ब्यूरो चीफ	दैनिक राष्ट्रीय सहारा
4.	श्री संजय मिश्रा	ब्यूरो चीफ	दैनिक लोक भारती

स्रोत : https://information.up.gov.in[174]

सारणी संख्या–116

जनपद सुलतानपुर के मान्यता प्राप्त पत्रकारों की सूची–

क्रमश:	मीडिया प्रतिनिधि का नाम	पदनाम	संस्थान का नाम
1.	श्री राज खन्ना	संवाददाता	दैनिक जनसत्ता
2.	श्री मनोराम पांडेय	संवाददाता	दैनिक आज
3.	श्री रमाकान्त तिवारी	संवाददाता	अमर उजाला
4.	श्री सतीश कुमार मिश्र	संवाददाता	दैनिक आदर्श ज्योति
5.	श्री सतीश तिवारी	संवाददाता	राष्ट्रीय स्वरूप
6.	श्री सतीश कुमार पांडेय	संवाददाता	स्वतंत्रत चेतना
7.	श्री विजय विद्रोही	संवाददाता	दैनिक तरूणमित्र
8.	श्री साजिद हुसैन	संवाददाता	सहाफत
9.	श्री सत्यदेव तिवारी	संपादक	कुशभवनपुर संदेश
10.	श्री माताफेर सिंह दीपक	संपादक	हिन्दी साप्ताहिक भेंटवार्ता
11.	श्री शिव प्रकाश	संपादक	हिन्दी साप्ताहिक कृषि

---

[174]स्रोत : https://information.up.gov.in

12.	श्री राम मिलन तिवारी	संपादक	साप्ताहिक नैतिक विकास
13.	श्री अतुल कुमार त्रिपाठी	संवाददाता	दैनिक त्रिगुट गोंडा
14.	श्री राज किशोर सिंह	संवाददाता	दैनिक जनमोर्चा
15.	श्री सत्यप्रकाश गुप्ता	संवाददाता	यूनीवार्ता
16.	श्री रसिक बिहारी	संवाददाता	दैनिक जागरण
17.	श्री दर्शन कुमार शाहू	संवाददाता	आकाशवाणी
18.	श्री दिनेश दूबे	संवाददाता	हिन्दुस्तान,
19.	श्री राजेश कुमार त्रिपाठी	संवाददाता	दैनिक अपारदशी सुलतानपुर
20.	श्री अलीम शेख	संवाददाता	ईटीवी न्यूज चैनल
21.	श्री दिनेश श्रीवास्तव	संवाददाता	दैनिक राहत टाइम्स, लखनऊ
22.	श्री अनिल द्विवेदी	संवाददाता	सहारा समय न्यूज चैनल
23.	श्री महेश नारायण द्विवेदी	संवाददाता	दैनिक डेली न्यूज
24.	श्री नमो नारायण चौबे	संवाददाता	लोहिया क्रा ंति, लखनऊ
25.	श्री अवधेश गुप्ता	संवाददाता	दैनिक जनमोर्चा फैजाबाद
26.	श्री राजीव श्रीवास्तव	संवाददाता	दैनिक तरूणमित्र, सुल्तानपुर
27.	श्री अशोक कुमार मिश्रा	संवाददाता	दैनिक यूनाईटेड भारत, लखनऊ
28.	श्री अखिलेश कुमार तिनारी	संवाददाता	दैनिक भगार दर्शी
29.	श्री विजय कुमार पांडेय	संवाददाता	दैनिक आज, लखनऊ
30.	श्री नीरज कुमार तिवारी	संवाददाता	दैनिक कौमी मुकाम, लखनऊ
31.	श्री विपिन कुमार त्रिपाठी	संवाददाता	साप्ताहिक नई रीति, सुलतानपुर

32.	श्री नितेन विश्वास	संपादक	हिन्दी साप्ताहिक, सुलतानपुर टाइम्स

स्त्रोत : https://information.up.gov.in[175]

सारणी संख्या–117

जनपद बाराबंकी के मान्यता प्राप्त पत्रकारों की सूची

क्रमश:	मीडिया प्रतिनिधि का नाम	पदनाम	संबंधित प्रेस एवं स्थान
1.	श्री संजय शर्मा	संवाददाता	यूएनआई, लखनऊ
2.	श्री आलोककुमार श्रीवास्तव	संवाददाता	पीटीआई. लखनऊ
3.	श्री अकील अहमद	संवाददाता	दैनिक राष्ट्रीय सहारा लखनऊ
4.	श्री हसमत उल्ला खॉं	संवाददाता	दैनिक राष्ट्रीय सहारा उर्दू, लखनऊ
5.	श्री कमलेश चन्द्र शर्मा	संवाददाता	दैनिक तरूणमित्र, जौनपुर
6.	श्री वीरेन्द्र कुमार सैन	संवाददाता	दैनिक अमृत विचार लखनऊ
7.	श्री दिलीप कुमार श्रीवास्तव	संवाददाता	दैनिक मदरगोंडा
8.	श्री अखलाक हुसैन रिजवी	संवाददाता	दैनिक त्रिगुट गोंडा
9.	श्री रईस कादरी	संवाददाता	आवाज गोंडा
10.	श्री मोहम्मद नवाब	संवाददाता	सहाफत, लखनऊ
11.	श्री मोहम्मद तारिक किदवई	संवाददाता	उर्दू दैनिक आज लखनऊ
12.	श्री फहीम अहमद मुसीर	संवाददाता	उर्दू दैनिक जवां दोस्त, जौनपुर
13.	श्री अनुराग मेहरोत्रा	संवाददाता	दैनिक निष्पक्ष सहारा टाइम्स, बारांबाकी
14.	श्री अब्दुल हक वारसी	संवाददाता	दैनिक राष्ट्रीय एकता लहर, बाराबांकी
15.	श्री शमशुल हक	संवाददाता	दैनिक राष्ट्रीय एकता लहर, बाराबांकी

क्र0सं0	नाम	पदनाम	समाचार पत्र/संस्था
16.	श्री इनामुल हक	संवाददाता	दैनिक साप्ताहकि राष्ट्रीय एकता लहर, बाराबांकी
17.	श्री मो0सईद वारसी	संवाददाता	उर्दू साप्ताहिक कौमी लश्कर बाराबंकी
18.	श्री मो0सलीम	संवाददाता	उर्दू सा0तरजुमान हिन्द बाराबंकी
19.	श्री फरहत अली	संवाददाता	हि0सा0 सदभावना की ओर बाराबंकी
20.	श्री नूरूल हक	संवाददाता	उ0सा0 जदीद आवाज-,-मरकज बाराबंकी
21.	श्री देवेन्द्र कुमार मिश्रा	संवाददाता	हि0सा0 तरजुमान हिन्द बाराबंकी
22.	श्री मो0अतहर सलीम	संवाददाता	उ0सा0 मजहर मन अल टाइम्स बाराबंकी
23.	कुमारी रंजना शर्मा	संवाददाता	दैनिक किरण कमल लखनऊ
24.	श्री साबिर अली शाहिद	संवाददाता	दैनिक राष्ट्रीय स्वरूप लखनऊ
25.	श्री महन्त भगवती प्रताप दास	संवाददाता	दैनिक आज लखनऊ
26.	श्री उमाकान्त बाजपेई	संवाददाता	दैनिक ऊर्जा टाइम्स लखनऊ
27.	श्री योगेश कुमार	संवाददाता	हिन्दी साप्ताहिक गुजरी बात बाराबंकी
28.	श्री सरवर अली	संवाददाता	दैनिक भूमि लखनऊ
29.	श्री विशन सिंह	संवाददाता	सहारा समय, यूज चैनल लखनऊ
30.	श्री राजेन्द्र वर्मा	संवाददाता	हिन्दी साप्ताहिक ज्वालावाणी
31.	श्री सरफराज अली सिद्दीकी	संवाददाता	न्यूज नेशन नोयडा
32.	श्री कृष्ण द्विवेदी	संवाददाता	दैनिक डेली न्यूज ,क्रिटविस्ट लखनऊ
33.	श्री सतीश कुमार श्रीवास्तव	संवाददाता	दैनिक जागरण लखनऊ
34.	श्री पवन कुमार श्रीवास्तव	संवाददाता	दैनिक तरूण मित्र फैजाबाद
35.	श्री आमिर अली	संवाददाता	उ0दै0मुल्कनामा लखनऊ
35.	श्री दीपक मिश्रा	संवाददाता	ई0टी0वी0 बाराबंकी

36.	श्री हरि प्रसाद वर्मा	संवाददाता	उ0दै0जदीद आवाज बाराबंकी
37.	श्री मो0अतहर	संवाददाता	उ0दै0 सुबह नामा बाराबंकी
38.	श्री सतीश कश्यप	संवाददाता	बी0पी0 न्यूज चैनल बाराबंकी
39.	श्री प्रदीप	संवाददाता	हि0दै0सन्दौली टाइम्स बाराबंकी
40.	श्री अनुपम शुक्ला	संवाददाता	उ0दै0जदीद आवाज-,-मरकज बाराबंकी
41.	श्री शशांक राठौर	संवाददाता	उ0दै0वारिस-,-अवध बाराबंकी
42.	श्री मो0नईम	संवाददाता	हि0दै0सन्दौली टाइम्स बाराबंकी
43.	श्री नीरज कुमार श्रीवास्तव	संवाददाता	हि0दै0राहत टाइम्स लखनऊ
44.	श्री देवेन्द्र नाथ मिश्रा	संवाददाता	यूज नेटवर्क-10 लखनऊ
45.	श्री भूपिन्दर पाल सिंह	संवाददाता	हि0दै0वायस आफ मूवमेंट लखनऊ
46.	श्री परमजीत सिंह	संवाददाता	हि0दै0वायस आफ मूवमेंट लखनऊ
47.	श्री महेन्द्र कुमार सिंह	संवाददाता	हि0दै0 अवधरत्न लखनऊ
48.	श्री रत्नेश कुमार	संवाददाता	हि0दै0 अमर लेखनी लखनऊ
49.	श्री प्रकाश श्रीवास्तव	संवाददाता संवाददाता	हि0दै0 अपना अखबार लखनऊ
50.	श्री संदीप कुमार यादव		हि0सा0 शोभित दर्पण बाराबंकी
51.	श्री प्रेम कुमार	संवाददाता	हि0दै0संदौली टाइम्स बाराबंकी
52.	श्रीमती चंदा देवी	संवाददाता	हि0सा0संदौली टाइम्स बाराबंकी
53.	श्री उमेश कुमार शुक्ला	संवाददाता	हि0सा0प्रज्ञा टाइम्स बाराबंकी
54.	श्री गिरजेंद्र बहादुर	संवाददाता	हि0सा0 राष्ट्रीय रिपोर्ट बाराबंकी
55.	श्री हरिराम शुक्ला	संवाददाता	हिन्दुस्थान समाचार न्यूज एजेंसी लखनऊ
56.	सै0रेहान मुस्तफा	संवाददाता	उ0सा0तहलका टुडे बाराबंकी

| 57. | श्री उमेश चन्द्र श्रीवास्तव | संवाददाता | हि0सा0योर ऑनर टाइम्स बाराबंकी |
| 58. | श्री परवेज अहमद | संवाददाता | हि0दै0राष्ट्रीय क्राम्य वार्ता लखनऊ |

स्रोत : https://information.up.gov.in[176]

सारणी संख्या-118

जनपदगोण्डा के मान्यता प्राप्त पत्रकारों की सूची-

क्र0सं0	मीडिया प्रतिनिधि का नाम	पदनाम	संबंधित प्रेस एवं स्थान
1.	श्रीछेदीलाल अग्रवाल	संवाददाता	यूएनआई, लखनऊ
2.	श्रीहुसैन रिजवी	संवाददाता	हिंदी दैनिक त्रिगुट
3.	श्रीआरपी पांडेय	संवाददाता	हिंदी साप्ताहिक मीडिया विचार
4.	श्रीसुरेश पांडेय	संवाददाता	हिंदी साप्ताहिक डिगलिंग इंडिया
5.	श्रीजानकी सरण द्विवेदी	संवाददाता	दैनिक मदर
6.	श्री अहसन नसीम	संवाददाता	उर्दू दैनिक सालार आवाज
7.	श्रीअम्किेश्वर प्रताप पांडेय	संवाददाता	जी न्यूज
8.	श्रीकल्ववसी	संवाददाता	उर्दू दैनिक अदब टाइम्स
9.	श्रीअनिल कुमार	संवाददाता	हिंदी दैनिक त्रिगुट
10.	श्रीआफताब आलमसिद्दीकी	संवाददाता	उर्दू दैनिक सालार-आवाज
11	श्रीसुनील कुमार श्रीवास्तव	संवाददाता	हिंदी दैनिक त्रिगुट फोटोग्राफर
12	श्रीशालिनी पांडेय	संवाददाता	हिन्दी दैनिक मदर
13	श्रीमोहसिन हफीज	संवाददाता	हिंदी दैनिक स्ट्रांग न्यूज
14	श्रीसैयद अब्बास रजा रिजवी	संवाददाता	हिन्दी दैनिक त्रिगुट
15	श्रीपूरन प्रताप यादच	संवाददाता	सहारा समय न्यूज चैनल
16	श्रीकैलाशनाथ वर्मा	संवाददाता	न्यूज नेशन चैनल
17	श्रीसुरेश मिश्रा	संवाददाता	हिंदी दैनिक शहीदी दरिया
18	श्री राज कुमार सिंह	संवाददाता	समाचार प्लस न्यूज चैनल
19	श्री अनुराक्र सिंह	संवाददाता	एनडीटीवी न्यूज चैनल
20	श्री हेमन्त पाठक	संवाददाता	हिन्दी दैनिक पायनियर
21	श्री राजेन्द्र शर्मा	संवाददाता	नेटवर्क10 न्यूज चैनल
22	श्री मोहम्मद फारूक खां	संवाददाता	उर्दू दैनिक सत्ता की परख
23	श्री असरार अहमद खां	संवाददाता	उर्दू दैनिक अहदे-इ ं-नाउ

24	श्री मोहम्मद आमिर	संवाददाता	हिन्दी दैनिक स्ट्रांक न्यूज
25	श्री अब्दुल सईद	संवाददाता	हिन्दी दैनिक स्ट्रा ंक न्यूज
26.	श्री सूर्य प्रताप सिंह	संवाददाता	हिन्दी दैनिक तरूण मित्र
27	श्री तेज प्रताप सिंह	संवाददाता	हिंदी दैनिक स्पष्ट आवाज
28.	श्री गिरीश चंद्र श्रीवास्तव	संवाददाता	हिन्दी दैनिक आज
29.	श्री शिव प्रसाद तिवारी	संवाददाता	दैनिक मदर
30.	श्री राजेश सोनी	संवाददाता	सहारा समय
31.	श्री अरूण मिश्र	संवाददाता	अमर उजाला
32.	श्री बंजरग त्रिपाठी	संवाददाता	जनमोर्चा
33.	श्री उमेश कुमार श्रीवास्तव	संवाददाता	तरूण मित्र
34.	श्री साबिर खां	संवाददाता	उर्दू अहदे इ नाउ
35.	श्री प्रेम कुमार पांडेय	संवाददाता	दैनिक मदर उर्दू
36.	श्री देवनाथ मिश्र	संवाददाता	दैनिक हिंदी मदर
37.	श्री शैलेन्द्र मिश्र	संवाददाता	हि0दै0 मदर
38.	श्री यशोदानन्दन त्रिपाठी	संवाददाता	हि0दै0 प्रभात नमन
39.	श्री जटा शंकर सिंह	संवाददाता	हि0दै0 संदौली टाइम्स
40.	श्री कल्पराम त्रिपाठी	फोटोग्राफर	उर्दू दैनिक अदब टाइम्स

स्रोत : https://information.up.gov.in[177]

उपरोक्त सारणियां राज्य सरकार द्वारा मान्यता प्राप्त पत्रकारों के नामों, उनके पदनामों और उनसे संबंधित मीडिया की सूची के अवगत करवाती है। पाठक अपने-अपने जिलों में कार्यरत मान्यता प्राप्त पत्रकारों से अवगत हो सकते है और अपने क्षेत्रिय समस्याओं को इनके माध्यम से सरकार के सम्मुख उठा सकते है और समाधान करवा सकते हैं।

3.4 मीडिया संगठन

ग्रेटर नोएडा प्रेस[178]-ग्रेटर नोएडा प्रेस क्लब नोएडा, ग्रेटर नोएडा और दिल्ली एनसीआर में कार्यरत पत्रकारों का एक सामाजिक संगठन है। यह पत्रकारों के व्यावसायिक, सामाजिक एवं आर्थिक विकास के लिए कार्यरत है। संगठन का उद्देश्य पत्रकारिता के उच्चतम मापदंडों को विकसित करना एवं पत्रकारों के अधिकारों की रक्षा करना है। ग्रेटर नोएडा प्रेस क्लब की स्थापना 24 जुलाई 2003 को तीन पत्रकारों, आदेश भाटी, सत्यवीर नगर और धर्मेंद्र चंदेल ने संयुक्त रूप से की थी। ग्रेटर नोएडा में एक प्रेस क्लब की स्थापना का विचार मेरठ, मुजफ्फरनगर और सहारनपुर आदि नगरों में पत्रकारों के संगठनों को देखकर उत्पन्न हुआ था।

3.5 प्रिंट मीडिया में करिअर

पत्रकारिता एवं जनसंचार में बैचलर ऑफ जर्नलिज्म, डिप्लोमा, मास्टर डिग्री करने के साथ मल्टीमीडिया में डिप्लोमा एवं अन्य विषयों में डिग्रियां लेने वाले युवा भी मीडिया उद्योग में अपना करिअर बनाना चाहते है। अगर आपमें तकनीकी ज्ञान के साथ-साथ सामाजिक, राजनितिक, धार्मिक, आर्थिक, शैक्षणिक, इत्यादि विषयों पर लिखने और बोलने की क्षमता है, तो मीडिया क्षेत्र आपके लिए सदा के लिए खुला है। आमतौर पर सरकारी एवं प्राइवेट नौकरियों के लिए एक तय सीमा होती है लेकिन मीडिया क्षेत्र में कार्य करने की कोई तय सीमा नहीं होती है। इस क्षेत्र में एक से अधिक भाषाओं एवं तकनीकी पहलुओं पर

---

[177] https://information.up.gov.in
[178] https://en.wikipedia.org/wiki/Greater_Noida_Press_Club

पकड़ रखना उतना ही परिपक्वता के साथ समाज में एक बेहतर छवि बनाता है। मीडिया उद्योग में आप विभिन्न प्रकार की नौकरियां प्राप्त कर सकते हैं, जिनका विवरण इस प्रकार से है:-

रिपोर्टर-पत्रकारिता में आप अपने करियर की शुरूआत एक पत्रकार के रूप में कर सकते है। अगर आप अनेक विषयों पर रचनात्मक लेख, आलेख, फिचर, कहानियां लिखना जानते है, तो प्रिंट माध्यम और ऑनलाइन मीडिया दोनों ही विकल्प खुले हैं। इसके लिए आपको साक्षात्कार तकनीकों, शोध क्षमताओं उत्कृष्ट लेखन कौशल की आवश्यकता होगी। आप एक पत्रकार के रूप में प्रिंट मीडिया, इलेक्ट्रानिक मीडिया और सामाजिक मीडिया (सोशल मीडिया) के किसी भी प्लेटफार्म पर कार्य कर सकते है।

ब्यूरो चीफ- किसी भी जिले में एक समाचार-पत्र के एक से अधिक रिपोर्टर होते है लेकिन ब्यूरो चीफ एक ही होता है क्योंकि ब्यूरो चीफ के निर्देशानुसार रिपोर्टरों को रिपोर्ट करने का निर्देश दिया जाता है। पत्रकारिता की भाषा में जहां रिपोर्टर खबरें लेने जाता है उसे 'बीट' बोला जाता है। ब्यूरो चीफ का कार्य जिले की मूख्य खबरों को जांच कर समाचार पत्र के कार्यालय भेजना होता है जिसे हम संपादकीय विभाग कहते है। ब्यूरो चीफ के पद के लिए कम से कम किसी भी रिपोर्टर को पांच से अधिक सालों का अनुभव होना चाहिए।

सहायक संपादक- अगर आपको ऑफिस की नौकरी पंसद है तो आप सहायक संपादक बन सकते है। देश भर में विभिन्न भाषाओं में प्रकाशित होने वाले समाचार-पत्रों को समय-समय पर सहायक संपादकों की आवश्यकता होती है। विद्यार्थी को अपनी अपने डिप्लोमा एवं डिग्री के साथ एक से अधिक भाषाओं पर पकड़, सामाजिक, राजनीतिक, आर्थिक, धार्मिक एवं अन्य पर जानकारी होनी चाहिए ताकि वह इन विषयों से संबंधित खबरों को समझ सके और उचित समय पर सार्थक एडिटिंग कर सके। इसके लिए विद्यार्थी को हिंदी एवं अंग्रेजी में टाईपिंग भी आवश्यक आनी चाहिए।

पूफ एडिटर- सभी प्रकार के समाचार पत्रों को पूफ एडिटरों की आवश्यकता होती है क्योंकि जो भी सामग्री समाचार पत्र में प्रकाशित हो रही है उस सामग्री की अशुद्धियों को शुद्ध करने का कार्य पूफ एडिटरों को होता है। इस पद के लिए समाचार पत्र की भाषा के अनुसार उस भाषा में मास्टर डिग्री होना आवश्यक होता है।

न्यूज एडिटर -समाचार-पत्रों को समय-समय पर सहायक संपादकों के साथ न्यूज एडिटरों की भी आवश्यकता होती है क्योंकि यह पद सहायक संपादकों से बड़ा पद होता है जो तमाम खबरों को विश्लेषण करता है।

संपादक-समाचार-पत्रों को समय-समय पर जिस प्रकार रिपोर्टरों, ब्यूरो चीफों, फोटोग्राफरों, अनुवादकों, पूफ रीडरों, सहायक संपादकों, न्यूज एडिटरों की आवश्यकता होती है उसी प्रकार संपादकों की आवश्यकता होती है। यह समाचार पत्रों में सबसे बड़ा पद होता है जिसके दिशा-निर्देशों के अंतर्गत समाचार-पत्र का प्रकाशन होता है। इस पद के लिए आपको पत्रकारिता में कम से कम दस सालों से भी ज्यादा का अनुभव प्राप्त होना चाहिए। इसके अतिरिक्त आप अपने स्वयं का समाचार-पत्र प्रकाशित कर संपादक बन सकते है।

अनुवादक-अनुवादक और दुभाषिए लिखित या मौखिक शब्दों को एक भाषा से दूसरी भाषा में परिवर्तित करते हैं। यह उन लोगों के लिए संचार में एक आदर्श करियर है, जिन्हें एक से अधिक भाषाएं सीखने का जुनून है और प्रभावी ढंग से संवाद करने का कौशल है। फिल्म उद्योग, सीरियल उद्योग, वेब सीरीज उद्योग, एनीमेशन उद्योग में भाषा अनुवादकों की ज्यादा मांग है।

अन्य क्षेत्रों में करिअर-

ग्राफिक डिजाइनर-मीडिया उद्योग में वेबसाइट, ब्रोशर, ग्राफिक डिजाइन और अनेको ऐप्स डिजाइन करने के लिए ग्राफिक डिजाइनरों की आवश्यकता है। मीडिया उद्योग में जहां भी विशेष ग्राफिक एवं डिजाइनों की चर्चा होती है वहां ग्राफिक डिजाइनरों की जिम्मेदारी होती है। अगर आपकी दिलचस्पी डिजाइनिंग में है तो यह क्षेत्र आपके लिए उपयुक्त है।

फोटोग्राफर-वर्तमान दौर में हर कोई एक अच्छा फोटोग्राफर बनना चाह रहा है, क्योंकि अधिकतर के पास स्मार्टफोन है। मीडिया उद्योग में पूर्व और वर्तमान समय में एक अच्छे फोटोग्राफर मांग बनी ही रहती है। आज के समय में आप जरूरी नहीं कि एक अच्छे पत्रकार रूप में अपना करिअर बनाए, परन्तु आप एक अच्छे फोटोग्राफर के भी एक अच्छा करिअर आप बना सकते है। इरविंग पेनी के अनुसार, ''एक अच्छी तस्वीर वह है जो एक तथ्य को संप्रेषित करती है, दिल को छूती है और दर्शकों को इसे देखने के लिए एक बदले हुए व्यक्ति को छोड़ देती है। यह एक शब्द में प्रभावी है।'' अगर आपमें फोटोग्राफी का हुनर है तो

उसे आप मीडिया उद्योग से जुड़ कर सफल बना सकते है। प्रिंट मीडिया और ऑनलाइन मीडिया के अतिरिक्त नेशनल ज्योग्राफिक्स चैनल, न्यूज एंजेसी, जनसम्पर्क एंजेसियों में फोटोग्राफरों की मांग पहले से ज्यादा बढ़ी है।

सोशल मीडिया विशेषज्ञ-यदि आप पहले से ही अपना अधिकांश समय ट्विटर, इंस्टाग्राम, आदि पर बिताते है, तो अच्छी खबर यह है कि इसमें समय बर्बाद करने की जरूरत नहीं है। आप इसे सोशल मीडियाविशेषज्ञ के रूप बदल सकते है, और यही आपका एक करियर में बदलने में सक्षम हो सकते है। बस सलाह दी जाए स्नातक की डिग्री और सोशल मीडिया के ढेर सारे ज्ञान के अलावा, इस नौकरी के लिए चातुर्य और विवेक की आवश्यकता होती है। वर्तमान में राजनीति दलों को ऐसे लोगों की आवश्यकता होती है जो उनके लिए कार्य कर सके।

न्यूज ऐंकर-यदि आप नवीनतम समाचारों को रिपोर्ट करने वाले कैमरे के सामने रहना चाहते है, तो यह मीडिया करियर आपके लिए ही है। जरूरी नहीं, कि आप प्रथम प्रयास में ही एक बड़े चैनल के ऐंकर बने, परन्तु आप अपने शहर के सी.टी. टी.वी., केबल टी.वी., यूट्यूब आधारित चैनल के ऐंकर भी बन सकते है। इन चैनलों में एक अच्छे अनुभव के बाद आपके पास राष्ट्रीय व अंतराष्ट्रीय चैनलों में कार्य करने के ऑफर आ सकते है। ऐंकर की भाषा पर पकड़, अपनी बात को अपनी ही शैली से कहने का हुनर, वाकपटुता, मीडिया अध्ययन पर जोर होना चाहिए।

डिजिटल निर्माता-वर्तमान में जहां प्रिंट व इलेक्ट्रानिक मीडिया रोजगार के अवसर पैदा कर रहा है, वही डिजिटल मीडिया ने इन दोनों के बीच एक अहम उद्योग स्थापित किया है। प्रिंट मीडिया ने तकनीकी के साथ सामंजस्य स्थापित करते हुए डिजिटल प्लेटफार्म स्थापित किया है। डिजिटल प्लेटफार्म पर एक अनुभवी डिजिटल निर्माताओं की आवश्यकता आये दिन बढ़ती जा रही है। इन्हें एक परियोजना प्रबंधक के रूप में जाना जाता है। वे विभागों के बीच परियोजनाओं के संचालन और समन्वय के लिए जिम्मेदार हैं, यह सुनिश्चित करते हुए कि सभी आवश्यकताओं की पूर्ति हर संभव तरीके से हो। डिजिटल निर्माता में डिजाइन कौशल, तकनीकी कौशल का ज्ञान एवं अन्य महत्त्वपूर्ण कार्यों की देखरेख के लिए आवश्यक कौशल हो। अगर आपमें ये हुनर है तो यह आपके लिए अच्छा अवसर है।

फिल्म वीडियो संपादक-ऑनलाइन और मोबाइल वीडियो सामग्री के विस्फोट से फिल्म और वीडियो संपादकों की मांग में है। फिल्म उद्योग, सीरियल उद्योग, वेब सीरीज उद्योग, एनीमेशन उद्योग ने वीडियो संपादकों को पहले से ज्यादा त्वजों प्रदान की है। वीडियो संपादकों को फिल्म संपादन साफ्टवेयर प्रोग्राम का उपयोग करने में कुशल होना चाहिए। इनके पास वीडियो संपादन व वीडियो प्रसारण में मास्टर डिग्री होना चाहिए।

वीडियो निर्माता-यदि आप कभी भी ऑनलाइन समय बिताते है, तो आपने देखा होगा कि वीडियो आपकी पसंदीदा साइटों पर कब्जा कर रहा है। किसी को उन आकर्षक यादगार वीडियो पलों को बनाना है, और वह व्यक्ति एक वीडियो निर्माता है। वर्तमान में इंटरनेट पर वीडियो निर्माताओं की भरमार जारी है, ओर भविष्य इनमें अधिक नौकरियों को देखने की संभावना है।

सार्वजनिक संबंधों के विशेषज्ञ-यदि आपके पास शानदार संचार कौशल है और आप अपने पसंदीदा ब्रांड या उत्पाद की खूबियों के बारे में बात करने में सहज हैं, तो जनसम्पर्क में करियर आपके लिए एकदम उपयुक्त हो सकता है। जनसम्पर्क विशेषज्ञ आमतौर पर विज्ञापन एजेंसियों, जनसंपर्क फर्मों या इन-हाउस जनसम्पर्क टीमों वाली बड़ी कंपनियों के लिए काम करते है। वे अपने नियोक्ता के उत्पादों और सेवाओं को अच्छी तरह से खबरों में रखने के लिए मीडिया रणनीतियों को डिजाइन और निष्पादित करते हैं।

ब्लॉगर-मीडिया उद्योग एवं अन्य कंपनियां अक्सर ब्लॉगर्स को अपनी मार्केटिंग रणनीति के हिस्से के रूप में नियुक्त करती है। मुख्य रूप से ब्लॉग पर काम करने वाले लेखकों को सोशल मीडिया और एसईओ सिद्धांतों को ध्यान में रखते हुए, संगठन की आवाज और शैली दिशानिर्देशों का पालन करने वालों का ध्यान आकर्षित करने वाली प्रतिलिपि बनाने में सक्षम होना चाहिए। प्रिंट मीडिया, ऑनलाइन मीडिया पर अलग से ही ब्लॉग कॉलम आरंभ हुए है जिनमें लेखकों की मांग बनी है। कुछ प्रसिद्ध ब्लॉगर वेबसाइटों के साथ आप जुड़ सकते है- लैबनोल, चिल्लाओ जोर से, आपकी कहानी, कैश ओवरफ्लो आलटेकबज, मिसमालिनी, जागोइन्वेस्टर, हेलबाउंड ब्लागर, अर्चना की रसोई, फोनएरेना, सफल निवेश, नेक्स्टबिगव्हाट, वैनिटी नो माफी, टेकपीपी, ब्लागिंग, पंकविला आदि।

रेडियो जॉकी-अगर आप ज्यादा बातूनी है, तो रेडियो जॉकी के रूप में एक बेहतर विकल्प है। इसका प्रारंभ आप किसी सामुदायिक रेडियो केंद्र, अनेकों एम.एफ. केंद्रों और आकाशवाणी केंद्रों पर एक आस्मिक उद्धोषक के रूप में कर सकते है। सभी

केंद्र समय-समय पर अपने साथ जुड़ने के लिए प्रतिभावान युवा साथियों को अवसर देते रहते है। इसके लिए शुद्ध हिंदी, उचित उच्चारण व किसी विषय पर लय में बोलने की शैली आपके करिअर को आगे बढ़ा सकती है।

जनसम्पर्क विशेषज्ञ-कोई भी व्यक्ति, संस्था, उत्पाद, सरकार अपने बारे में दूसरों को अत्यधिक बताने के लिए इच्छुक रहता है, जिससे उसकी प्रसिद्धि दूर-दूर तक फैले। यदि आप में दूसरे को अपनी लेखन शैली, मिलनसार व्यवहार, वाकपटुता, तकनीकी ज्ञान से प्रभावित करने के हुनर है तो आप एक जनसम्पर्क विशेषज्ञ बन सकते है। इस क्षेत्र में आप किसी भी प्रकार की छोटी-बड़ी कंपनियों, संस्थानों, राज्य सरकारों के जनसम्पर्क विभागों, केंद्र सरकार के सूचना एवं प्रसारण मंत्रालय के अधिन निकलने वाली नौकरियों के उचित आवेदक हो सकते है।

मीडिया शोधकर्ता-एक मीडिया शोधकर्ता के रूप में, आप टीवी के विभिन्न कार्यक्रमों, समाचारपत्रों एवं पत्रिकाओं में संपादकीय लेखों और रेडियो कार्यक्रमों सहित विभिन्न प्रकार के शोध करने के लिए उतरदायी होगे। इसके अतिरिक्त विभिन्न क्षेत्रों के प्रसिद्ध एवं अभरते हुए लोगों के साक्षात्कार लेना, अनेक समूहों के कार्यक्रमों का आयोजन करना, सर्वेक्षण करना और टीवी कार्यक्रमों के लिए उमदा मेहमानों को ढूंढना शामिल हो सकता है।

दुभाषिया अनुवादक-मीडिया में दुभाषियों अनुवाकदों की मांग पहले से ज्यादा बढ़ी है, जिस तरह किसी प्रति को किसी दूसरी भाषा में अनुवादक करना होता है, उसी तरह किसी के बोले जा रहे वाक्यों को बोलकर दूसरों के लिए सुविधाजनक बनाया जाता है। यह कार्य किसी लेखन भाषा कौशल से कम महत्त्वपूर्ण नहीं है। दुभाषियों और अनुवादकों को दोनों भाषाओं, मूलपाठ या भाषण की भाषा और तैयार उत्पाद की भाषा में मूल-स्तर की प्रवीणता की आवश्यकता होती है। लिखित शब्द के साथ काम करने वाले अनुवादकों को दोनों भाषाओं में व्याकरण और शैली का विशेषज्ञ स्तर का ज्ञान भी होना चाहिए।

जनसंचारएवं पत्रकारिता विद्यार्थी को अपनी डिग्री, डिप्लोमा के साथ तीन महत्त्वपूर्ण बिंदुओं पर पकड़ बनानी होतीहै जिनसे वहमीडिया क्षेत्र में बेहतर भविष्य बना सकता है। ये तीन महत्त्वपूर्ण बिंदु है-

1. लेखन कौशल
2. भाषण कौशल
3. तकनीकी कौशल

संपूर्ण मीडिया क्षेत्र इन्ही तीन मुख्य बिंदुओं पर केंद्रीत है, इसका संक्षिप्त सार इस प्रकार है :-

लेखन कौशल- इसके अंतर्गत न्यूज एवं प्रेस विज्ञप्ति, प्रेस नोट लिखने की उचित समझ, कहानी लेखन, संवाद लेखन, स्क्रिप्ट लेखन, ब्लॉग लेखन सम्मिलित है।

भाषण कौशल- इसके अंतर्गत सामाजिक मुद्दें, राजनीतिक मुद्दें, आर्थिक मुद्धों पर गहराई से पकड़ के साथ अपनी बात रखना सम्मिलित है। अपने विचारों को अपने ही हुनर भाव से उमदा रखना भाषण कौशल है।

तकनीकी कौशल- इसके अंतर्गत डेस्क टॉप पब्लिशिंग (डी.टी.पी.) पर हिंदी एवं अंग्रेजी की टाईपिंग, (रेमिंटन व फोनोटिक्स) फोटोशॉप, न्यूपेपर्स व मैगजिन डिजाईनिंग सॉफ्टवेयर्स, कोरल ड्रा, वीडियो-ऑडियो एडिटिंग, प्रिंट एडिटिंग, कोडी, मीडियापोर्टल, सबरीप,पी.वी.आर. इत्यादि सम्मिलित है।

जनसंचार एवं पत्रकारिता के विद्यार्थियों को ये भी समझना होगा कि मीडिया एक ऐसा क्षेत्र है जिसमें किसी भी उम्र में कार्य किया जा सकता है, बशर्ते आपके पास उपरोक्त तीन महत्त्वपूर्ण बिंदुओं का कौशल हो। इस क्षेत्र में अनुभव के साथ समाज के समस्त क्षेत्रों की समझ विकसित होती जाती है, तो कार्य करने की क्षमता भी बढ़ती जाती है। इसी के साथ आपकी आय और शौहरत भी बढ़ती है।

निष्कर्ष- प्रस्तुत अध्याय में कुछ महत्त्वपूर्ण बिंदुओं को निष्कर्ष के रूप में रेखांकित किया जा सकता है जो इस प्रकार से है-

1. उत्तरप्रदेश प्रदेश सरकार केसूचना एवं जनसम्पर्क विभाग शासन द्वारा जनहित में शासन की नीतियों, कार्यक्रमों, योजनाओं, उपलब्धियों तथा घोषणाओं की जानकारी विभिन्न प्रचार माध्यमों, जिसमें समाचार-पत्र, इलेक्ट्रानिक मीडिया, दूरदर्शन, आकाशवाणीतक पहुंचाने के लिए प्रिंट मीडिया से संबंधित संवाददाता, फोटोग्राफर इलेक्ट्रानिक मीडिया से संबंधित संवाददाता, कैमरामेन, रेडियो पत्रकार, एंजेसी पत्रकारें, स्वतंत्र पत्रकारों एवं वरिष्ठ पत्रकारों को सम्मिलित किया गया

जिसकी मान्यता कार्ड की वैधता अवधि 31 दिसम्बर, 2021 तक रखी गई थी। इस तरह सभी प्रकार के पत्रकारों की कुल संख्या- 860 रखी गई है।

2. मान्यता कार्ड की वैधता अवधि 31 दिसम्बर, 2021 तक जो 850 पत्रकार रखे गये उनमें प्रिंट मीडिया-540, इलेक्ट्रानिक मीडिया-160 स्वतंत्र पत्रकार-102, वरिष्ठ पत्रकार-58 सम्मिलित रहे।

3. इस अवधि में रखे गये 860 पत्रकारों में कुल पुरूष पत्रकार-811, महिला पत्रकार-49 सम्मिलित है।

4. जनसंचार एवं पत्रकारिता के विद्यार्थीगण मीडिया क्षेत्र में निम्नलिखित पदों से अपना करिअर आरंभ कर सकते है जिनमें मुख्यत: रिपोर्टर, फोटोग्राफर, सहायक संपादक, डिप्टी संपादक, न्यूज एडिटर, संपादक, न्यूज एंकर, रेडियो जॉकी, सोशल मीडिया एक्सपर्ट, सहायक सूचना जनसम्पर्क अधिकारी, जिला सूचना जनसम्पर्क अधिकारी, (सभी राज्यों के जन सम्पर्क विभाग) अनुवादक, मीडिया रिसर्चर, सूचना अधिकारी (प्रेस सूचना ब्यूरो) इत्यादि।

4.1 भारतीय उच्च शिक्षा पर एक नज़र

भारत में उच्च शिक्षा विभिन्न विषयों में करवाई जाती है, जैसे कि अन्य विकसीत एवं विकासशील देशों में करवाई जाती है। भारत सरकार ने विभिन्न विषयों से संबंधित शिक्षा की सामग्री को पहली बार अखिल भारतीय शिक्षा सर्वेक्षण के तहत संग्रहित किया है। इसके तहत अखिल भारतीय उच्च शिक्षा सर्वेक्षण (ए.आई.एस.एच.ई.) 2020-21 में भारत में उच्च शिक्षा से संबंधित डाटा संग्रहित किया है। इस संग्रहित डाटा को पहली बार उच्च शिक्षा संस्थान (एच.ई.आई.) के माध्यम से एक पूरी तरह से आनलाइन डेटा संग्रह को एक मंच दिया गया है। शिक्षा और राष्ट्रीय सूचना विज्ञान केंद्र (एन.आई.सी.) के तहत यह कार्य करता है। प्रस्तुत संग्रहित डाटा के तहत देश में कुल 1,113 विश्वविद्यालय, 43,796 कॉलेज और 11,296 स्टैंड अलोन संस्थान 2020-21 में पंजीकृत थे। इस डेटा संग्रह के तहत 1,099 विश्वविद्यालय, 41,600 कॉलेज और 10,308 ही सत्यापित किए है।[179] 2020-21 के दौरान विश्वविद्यालयों की संख्या 70 बढ़कर 2020-21 में 1,113 हो गई है। इन 1,113 विश्वविद्यालयों में से 657 सरकार द्वारा प्रबंधित (केंद्र सरकार 235, राज्य सरकारी 422), 10 प्राइवेट डीम्ड (एडेड) है, और 446 प्राइवेट (अनएडेड) है। इस डेटा के तहत महिलाओं के लिए विशेष 17 विश्वविद्यालय है (14 राज्य सार्वजनिक विश्वविद्यालय, 2 निजी विश्वविद्यालय और एक डीम्ड प्राइवेट एडेड) है जोकि इनकी 2014-15 में संख्या 11 थी। 2020-21 में, 16 मुक्त विश्वविद्यालय है (1 केंद्रीय विश्वविद्यालय, 14 राज्य विश्वविद्यालयऔर 1 राज्य निजी विश्वविद्यालय) और 112 दोहरे मोड विश्वविद्यालय है। अखिल भारतीय उच्च शिक्षा सर्वेक्षण (ए.आई.एस.एच.ई.) 2020-21 में जवाब देने वाले 1,099 विश्वविद्यालयों में से 615 सामान्य, 188 है तकनीकी, 63 कृषि और संबद्ध, 71 चिकित्सा, 26 कानून, 19 संस्कृति और 8 भाषा विश्वविद्यालय सम्मिलित रहे थे और शेष 121 विश्वविद्यालय अन्य श्रेणियों के सम्मिलित थे। 2020-21 के दौरान कॉलेजों की संख्या 1453 बढ़कर 2020-21 में 43,796 हो गई है, जो 2019-20 में 42,343 थी। देश में प्रति लाख पात्र जनसंख्या पर कॉलेजों की संख्या (आयु-वर्ग में जनसंख्या 18-23) 31 है, जो 2014-15 में यह संख्या 27 थी। 21.4 प्रतिशत कॉलेज सरकारी कॉलेज हैं, 13.6 प्रतिशत निजी (सहायता प्राप्त) और 65 प्रतिशत है निजी-गैर-सहायता प्राप्त है। इनमें लगभग 43 प्रतिशत विश्वविद्यालय और 61.4 प्रतिशत कॉलेज ग्रामीण क्षेत्रों में स्थित है। 10.5 प्रतिशत कॉलेज (4375) विशेष रूप से महिलाओं के लिए है, जबकि केवल 0.2 प्रतिशत (72 कॉलेज) है।[180] सबसे अधिक कॉलेजों वाला राज्य और जिला- भारत के जिलों में अधिकतम कॉलेज (1058) बैंगलोर में स्थित है, जबकि उसके बाद जयपुर (671) में है, लगभग 32 प्रतिशत कॉलेज 50 जिलों में स्थित है।[181]

उच्च शिक्षा में विद्यार्थियों का नामांकन –2020-21 में उच्च शिक्षा में कुल नामांकन बढ़कर लगभग 4.13 करोड़ हो गया है जो 2019-20 में 3.85 करोड़ (28.80 लाख की वृद्धि) थी। नामांकन में वृद्धि की वार्षिक दर ने भी वर्षों में सुधार दिखाया है। 2019-20 की तुलना में 2020-21 में नामांकन में वृद्धि 7.4 प्रतिशत है। इस दौरान उच्च शिक्षा में कुल 2.12 करोड़ (51.3 प्रतिशत) पुरुष और 2.01 करोड़ (48.7 प्रतिशत) महिला छात्रों का नामांकन हुआ है। जबकि 2019-20 में नामांकित पुरुष छात्रों की संख्या 1.96 करोड़ थी और नामांकित महिला छात्रों की संख्या 1.89 करोड़ थी।[182] 2020-21 में नामांकित 4.13 करोड़ छात्रों में से 14.2 प्रतिशत अनुसूचित जाति के है, 5.8 प्रतिशत अनुसूचित जनजाति के है, 35.8 प्रतिशत अन्य पिछड़ा वर्ग और शेष से है 44.2 प्रतिशत छात्र दूसरे समुदायों से है। 2019-20 की तुलना में 2020-21 में अनुसूचित जाति के छात्रों के नामांकन में वृद्धि 4.2 प्रतिशत है, जबकि 2018-19 की तुलना में 2019-20 में वृद्धि 1.6 प्रतिशत थी। कुल मिलाकर 2014-15 से अनुसूचित जाति के छात्र नामांकन में 27.96 प्रतिशत की वृद्धि हुई है। अनुसूचित जनजाति के छात्रों का नामांकन 2020-21 में 21.6 से बढ़कर 24.1 लाख हो गया है। जबकि 2019-20 में यह वृद्धि (11.9प्रतिशत) दर्ज की गई वृद्धि की दर्ज की गई थी। वही 2014-15 से एसटी छात्र नामांकन में समग्र वृद्धि 47.00 प्रतिशत है।[183]

---

[179]अखिल भारतीय उच्च शिक्षा सर्वेक्षण (ए.आई.एस.एच.ई.) 2020-21

[180]उपरोक्त, वही

[181]उपरोक्त, वही

[182]अखिल भारतीय उच्च शिक्षा सर्वेक्षण (ए.आई.एस.एच.ई.) 2020-21

[183]अखिल भारतीय उच्च शिक्षा सर्वेक्षण (ए.आई.एस.एच.ई.) 2020-21

उच्च शिक्षा में शिक्षण और गैर-शिक्षण कर्मचारी –अखिल भारतीय उच्च शिक्षा सर्वेक्षण (ए.आई.एस.एच.ई.) 2020-21 के तहत भारत में शिक्षकों की कुल संख्या 15,51,070 है, जिनमें से लगभग 57.1 प्रतिशत पुरुष है और 42.9 प्रतिशत महिला है। 2019-20 की तुलना में 2020-21 में शिक्षकों की संख्या में 47,914 की वृद्धि हुई है। प्रति 100 पुरुष शिक्षकों पर 75 महिला शिक्षक है। विश्वविद्यालयों और कॉलेजों में नियमित मोड छात्र शिक्षक अनुपात (पीटीआर) के लिए 24 है जबकि नियमित मोड में विश्वविद्यालयों और इसकी घटक इकाइयों के लिए पीटीआर 19 है। गैर-शिक्षण कर्मचारियों की संख्या 13,95,868 है, जिनमें से लगभग 65.9 प्रतिशत पुरुष हैं और 34.1 प्रतिशत महिलाएं हैं। प्रति 100 पुरुष गैर-शिक्षण कर्मचारियों पर महिलाओं की औसत संख्या 52 है।[184]

विद्यार्थियों का पास-आउट विवरण –2020-21 में पास-आउट की कुल संख्या बढ़कर 94 लाख के मुकाबले 95.4 लाख हो गई है। 2019-20। स्नातक स्तर पर उच्चतम आउट-टर्न 20.5 के साथ कला स्नातक (बीए) में है लाख, उसके बाद बैचलर ऑफ साइंस (बीएससी) 11.3 लाख के साथ, बैचलर ऑफ कामर्स (बी.कॉम।) 10.2 लाख और बैचलर अ,फ इंजीनियरिंग (बी.ई.) में 8.3 लाख के साथ डिप्लोमा में, पास-आउट की कुल संख्या 8.48 लाख है। 25,550 छात्रों को पीएचडी से सम्मानित किया गया जोकि 2020 के दौरान 14,422 पुरुष और 11,128 महिलाएं सम्मिलित थे। देश में पीएचडी सबसे ज्यादा संख्या विज्ञान में 6,022 है जबकि दूसरे स्थान पर इंजीनियरिंग में सम्मानित किया गया[185]

भारत में विश्वविद्यालयों की संख्या–भारत सरकार के शिक्षा मंत्रालय के अंतर्गत कार्यरत विश्वविद्यालय अनुदान आयोग (यू.जी.सी.) की वेबसाइट (1.02.2023) के अनुसार देश में कुल 1043 विश्वविद्यालय अपनी सेवाएं दे रहे है। इन विश्वविद्यालयों को विभिन्न श्रेणियों में बांटा गया है जो इस प्रकार से है-

सारणी संख्या-119

देश में विश्वविद्यालयों की संख्या-

राजकीय विश्वविद्यालय	केंद्रीय विश्वविद्यालय	डीम्ड टू बी. विश्वविद्यालय	निजी विश्वविद्यालय	कुल योग
संख्या-458	संख्या-56	संख्या-98	संख्या-431	कुल 1043

https://www.ugc.ac.in[186]

उपरोक्त सारणी संख्या-119के अनुसार देश में राजकीय विश्वविद्यालयों की कुल संख्या-458, केंद्रीय विश्वविद्यालयो की संख्या-56, डीम्ड टू बी. विश्वविद्यालयों की संख्या-98 और निजी विश्वविद्यालयों की संख्या-431 है।

संघ लोक सेवा आयोग की परीक्षा में सम्मिलित करने की मांग- पत्रकारिता एवं जनसंचार की व्यापकता को देखते हुए लोकसभा क्षेत्र रांची से माननीय सांसद संजय सेठ ने संसद के शीतकालीन सत्र-दिसंबर 2022 में पत्रकारिता एवं जनसंचार विषय को संघ लोक सेवा आयोग की परीक्षा में सम्मिलित करने की मांग रखी। उन्होंने माननीय लोकसभा अध्यक्ष ओम बिरला को जानकारी देते हुए कहा कि वर्तमान पूरे देश में 50 हजार स्नातक और 50 हजार से ज्यादा स्नोकोत्तर परीक्षा पास करते है।[187]मान्य सांसद संजय सेठ ने अध्यक्ष महोदय के हवाले से माननीय केंद्र सरकार से इस संबंध में उनकी मांग को स्वीकार करने की मांग रखी है। इस संबंध में काफी वर्षों से यह मांग उठती रही है, ओर भविष्य में इस दिशा में सकारात्मक परिणाम होगे।

---

[184]अखिल भारतीय उच्च शिक्षा सर्वेक्षण (ए.आई.एस.एच.ई.) 2020-21

[185]अखिल भारतीय उच्च शिक्षा सर्वेक्षण (ए.आई.एस.एच.ई.) 2020-21

[186]https://www.ugc.ac.in

[187]बजट सत्र दिसंबर-2022, रांची लोकसभा संसदीय सीट से माननीय संजय सेठ का प्रस्ताव

4.2 उतरप्रदेश में मीडिया शिक्षण

उतरप्रदेश में मीडिया शिक्षण महत्त्वपूर्ण क्षेत्रों की तरह ही पहुंच बनाये हुए है जो विद्यार्थियों को मीडिया एवं जनसंचार में करिअर बनाने हेतु तैयार करने का अवसर प्रदान करता है। उतरप्रदेश में मीडिया शिक्षण महाविद्यालयों, विश्वविद्यालयों में स्थापित हो रहा है, इन शिक्षण संस्थाओं से उत्तीर्ण विद्यार्थियों के माध्यम से राज्य अपना आंतरिक और बाहरी तौर पर विकास कर रहा है। राज्य के मीडिया शिक्षण संस्थाओं में विद्यार्थियों को जर्नलिज्म, प्रिंट एडिटिंग, न्यूज़ राईटिंग, इलेक्ट्रॉनिक एडिटिंग, फ़िचर लेखन, स्क्रीप्ट लेखन, फिल्म प्रोडक्सन, टेलीविजन प्रोडक्सन, विज्ञापन, रेडियो प्रोडक्सन,एंकरिंग, जनसम्पर्क, इंवेट मेनजमैंट, मीडिया लॉ, भारतीय संविधान, मार्केटिंग, ऑनलाइन मीडिया, न्यू मीडिया, सोशल मीडिया इत्यादि पहलुओं पर तैयार किया जाता है। राज्य के निजीमहाविद्यालयों और राजकीय एवं नीजी विश्वविद्यालयों में इन विषयों के अंतर्गत विद्यार्थियों को बी.ए. जनसंचार, पी.जी. डिप्लोमा जनसंचार, एम.ए. जनसंचार, एम.ए.सी. जनसंचार, और पीएच.डी की डिग्रियां प्रदान की जाती हैं। कॉलेजदुनिया डॉट.कॉम. वेबसाइट और मीडिया करिअर 360डॉट.कॉम. वेबसाइट के अनुसार उतरप्रदेश में मीडिया शिक्षण के केंद्र संचालित है उनके नाम एवं स्थान इस प्रकार से है-[188]

राजकीय विश्वविद्यालयों में संचालित जनसंचार एवं पत्रकारिता का पाठ्यक्रम-

1. छत्रपति शाहू जी महाराज विश्वविद्यालय –कानपुर
2. लखनऊ विश्वविद्यालय – लखनऊ
3. महात्मा गांधी काशी विद्यापीठ – वाराणसी
4. बनारस हिंदू विश्वविद्यालय – वाराणसी
5. अलीगढ मुस्लिम विश्वविद्यालय – अलीगढ
6. चौधरी चरण सिंह विश्वविद्यालय – मेरठ
7. महात्मा ज्योतिबा फुले रोहिलखंड विश्वविद्यालय – बरेली
8. बरेली इंटरनेशनल यूनिवर्सिटी – बरेली
9. केंद्रीय इलाहाबाद विश्वविद्यालय – इलाहाबाद
10. वीर बहादुर सिंह पूर्वांचल विश्वविद्यालय, जौनपुर
11. राजर्षि टंडन मुक्त विश्वविद्यालय – इलाहाबाद
12. डॉ.राम मनोहर लोहिया अवध विश्वविद्यालय, आयोध्या
13. महाराजा सुहेलदेव राजकीय विश्वविद्यालय, आजमगढ़
14. दीन दयाल उपाधाय विश्वविद्यालय, गोरखपुर
15. बाबा भीमराव अम्बेडकर केंद्रीय विश्वविद्यालय, लखनऊ
16. बाबू बनारसी दास, विश्वविद्यालय, लखनऊ
17. बुंदेलखंड विश्वविद्यालय, झांसी
18. डॉ.बी.आर.अम्बेडकर विश्वविद्यालय, आगरा
19. महात्मा ज्योतिबा फुले रोहिलखंड विश्वविद्यालय, बरेली
20. डॉ. राम मनोहर लोहिया अवध विश्वविद्यालय, फैजाबाद
21. राजर्षि टंडन मुक्त विश्वविद्यालय, इलाहाबाद
22. गौतम बुद्ध विश्वविद्यालय, ग्रेटर नोएडा
23. जगद्गुरु रामभद्राचार्य विकलांग विश्वविद्यालय, चित्रकूट धाम
24. जननायक चन्द्रशेखर विश्वविद्यालय, बलिया

---

[188]https://collegedunia. com/arts/media-studies/uttar-pradesh-colleges

25. ख्वाजा मोइनुद्दीन चिश्ती भाषा विश्वविद्यालय, लखनऊ

26. माँ शाकुंभरी विश्वविद्यालय, सहारनपुर

निजी विश्वविद्यालयों में संचालित जनसंचार एवं पत्रकारिता का पाठ्यक्रम-

1. यूनाइटेड यूनिवर्सिटी, प्रयागराज

2. श्री वेंकटेश्वर विश्वविद्यालय,अमरोहा

3. रामा विश्वविद्यालय, कानपुर

4. प्रोफेसर राजेंद्र सिंह विश्वविद्यालय, प्रयागराज

5. नोएडा इंटरनेशनल यूनिवर्सिटी, ग्रेटर नोएडा

6. मोनाड विश्वविद्यालय, हापुड

7. महर्षि सूचना प्रौद्योगिकी विश्वविद्यालय, नोएडा

8. इंटीग्रल यूनिवर्सिटी, लखनऊ

9. इन्वर्टिस यूनिवर्सिटी, बरेली

10. जेएस यूनिवर्सिटी, शिकोहाबाद

11. एमिटी यूनिवर्सिटी, लखनऊ कैंपस

12. बरेली इंटरनेशनल यूनिवर्सिटी, बरेली

13. बेनेट यूनिवर्सिटी, ग्रेटर नोएडा

14. दूरस्थ शिक्षा निदेशालय, स्वामी विवेकानन्द सुभारती विश्वविद्यालय

15. एफएस यूनिवर्सिटी, शिकोहाबाद

16. आईएफटीएम विश्वविद्यालय, मोरादाबाद

17. आईआईएलएम यूनिवर्सिटी, ग्रेटर नोएडा

18. आईआईएमटी यूनिवर्सिटी, मेरठ

19. शारदा विश्वविद्यालय-शारदा विश्वविद्यालय, ग्रेटर नोएडा

20. शोभित विश्वविद्यालय मेरठ – शोभित इंस्टीट्यूट ऑफ इंजीनियरिंग एंड टेक्नोलॉजी,

21. गलगोटियास विश्वविद्यालय – गलगोटियास विश्वविद्यालय, ग्रेटर नोएडा

22. एमिटी यूनिवर्सिटी, नोएडा

23. सैम हिगिनब,प्रौद्योगिकी और विज्ञान विश्वविद्यालय – इलाहाबाद

24. मंगलायतन विश्वविद्यालय – अलीगढ़

25. शिव नादर विश्वविद्यालय – ग्रेटर नोएडा

निजीकॉलेजों में संचालित जनसंचार एवं पत्रकारिता का पाठ्यक्रम-

1. विश्वेश्वरैया ग्रुप ऑफ इंस्टीट्यूशंस, गौतम बुद्ध नगर

2. विनायक विद्यापीठ, मेरठ

3. विद्या इंस्टीट्यूट ऑफ फैशन टेक्नोलॉजी, मेरठ

4. यूनिटी वेद एनिमेशन कॉलेज, लखनऊ

5. यूनाइटेड कॉलेज ऑफ एजुकेशन, ग्रेटर नोएडा

6. स्टडी हॉल कॉलेज, लखनऊ

7. आरोहण मीडिया स्कूल, नोएडा

8. टेक्नो इंस्टीट्यूट ऑफ हायर स्टडीज, लखनऊ

9. श्री शारदा ग्रुप ऑफ इंस्टीट्यूशंस, लखनऊ

10. श्री राम औतार महाविद्यालय, कानपुर

11. श्री कृष्ण दत्त अकादमी, लखनऊ

12. श्री राम कॉलेज, मुजफ्फरनगर

13. सेवडी इंस्टीट्यूट ऑफ मैनेजमेंट एंड टेक्नोलॉजी, लखनऊ

14. सत्यम फैशन इंस्टीट्यूट, नोएडा

15. साधना अकादमी ऑफ मीडिया स्टडीज, नोएडा

16. एसएस एजुकेशनल इंस्टीट्यूट, आगरा

17. एसडी कॉलेज ऑफ मैनेजमेंट स्टडीज, मुजफ्फरनगर

18. रूद्र इंस्टीट्यूट ऑफ टेक्नोलॉजी, मेरठ

19. राजश्री इंस्टीट्यूट ऑफ मैनेजमेंट एंड टेक्नोलॉजी, बरेली

20. रजत डिग्री कॉलेज, लखनऊ

21. आरसीए गर्ल्स पीजी कॉलेज, मथुरा

22. पपेट्स पिक्चर कॉलेज ऑफ मास कम्युनिकेशन, नोएडा

23. प्रति स्कूल ऑफ एनिमेशन, नोएडा

24. न्यू इंस्टीट्यूट ऑफ सोशल कम्युनिकेशंस, रिसर्च एंड ट्रेनिंग, गाजियाबाद

25. नेहरू ग्राम भारती, इलाहाबाद

26. नारायणा पॉलिटेक्निक संस्थान, कानपुर

27. मोतीलाल नेहरू डिग्री कॉलेज, इलाहाबाद

28. मॉडर्न गर्ल्स कॉलेजऑफप्रोफेशनल स्टडीज, लखनऊ

29. माइक्रोटेक कॉलेजऑफ मैनेजमेंट एंड टेक्नोलाजी, वाराणसी

30. महिला महाविद्यालय पीजी कॉलेज, कानपुर

31. महर्षि सूचना प्रौद्योगिकी विश्वविद्यालय, नोएडा

32. एमवी मीडिया इंस्टीट्यूट, लखनऊ

33. लखनऊ पब्लिक कॉलेजऑफप्रोफेशनल स्टडीज, लखनऊ

34. कालीचरण पीजी कॉलेज, लखनऊ

35. केसीसी इंस्टीट्यूट ऑफ लीगल एंड हायर एजुकेशन, ग्रेटर नोएडा

36. जुहारी देवी गर्ल्स पीजी क,लेज, कानपुर

37. जीवनदीप महाविद्यालय, वाराणसी

38. जागरण इंस्टीट्यूट ऑफ मैनेजमेंट एंड मास कम्युनिकेशन, नोएडा

39. जागरण इंस्टीट्यूट ऑफ मैनेजमेंट एंड मास कम्युनिकेशन, कानपुर

40. जेएस हिंदू पीजी कॉलेज,अमरोहा

41. इंजीनियरिंग मैनेजमेंट टेक्निकल कैंपस, ग्रेटर नोएडा

42. इन्वर्टिस यूनिवर्सिटी, बरेली

43. इंटीग्रल एंड इनोवेटिव सस्टेनेबल एजुकेशन कॉलेज, लखनऊ

44. इंदिरापुरम इंस्टीट्यूट ऑफ हायर स्टडीज, गाजियाबाद

45. आईआईएमटी कॉलेजऑफ मैनेजमेंट, ग्रेटर नोएडा

46. आईआईएलएम यूनिवर्सिटी, ग्रेटर नोएडा

47. हिंदुस्तान कैरियर प्लस कॉलेज, आगरा

48. हमीदिया गर्ल्स डिग्री कॉलेज, इलाहाबाद

49. राजकीय पॉलिटेक्निक, गाजियाबाद

50. एचएसए डिग्री कॉलेज, फर्रुखाबाद

51. एनवीपीईएमआई कानपुर – नारायणा विद्या पीठ इंजीनियरिंग और प्रबंधन

52. नेशनल पी.जी. कॉलेज लखनऊ– नेशनल पोस्ट ग्रेजुएट क,लेज, लखनऊ

53. शुआट्स इलाहाबाद – सैम हिगिनब,टम इंस्टीट्यूट अ,फ एग्रीकल्चर टेक्नोल,जी

54. एसएमएस वाराणसी – स्कूल अ,फ मैनेजमेंट साइंसेज, वाराणसी

55. एसएनजीआई मेरठ – शांति निकेतन ग्रुप ऑफ इंस्टीट्यूशंस, मेरठ

56. टीआईआईपीएस ग्रेटर नोएडा – ट्रिनिटी इंस्टीट्यूट ऑफइनोवेशन इन प्रोफेशनल स्टडी

57. आगरा कॉलेज, आगरा

58. एमिटी दूरस्थ एवं ऑनलाइन शिक्षा निदेशालय, नोएडा

59. एमिटी यूनिवर्सिटी, लखनऊ कैंपस

60. एशियन स्कूल ऑफ मीडिया स्टडीज, नोएडा

61. एक्सिस इंस्टीट्यूट ऑफ फैशन टेक्नोल,जी, कानपुर

62. अजाज रिजवी कॉलेजऑफ जर्नलिज्म एंड मास कम्युनिकेशन, लखनऊ

63. बरेली कॉलेज, बरेली

64. बरेली इंटरनेशनल यूनिवर्सिटी, बरेली

65. बेनेट यूनिवर्सिटी, ग्रेटर नोएडा

66. ब्रह्मानन्द महाविद्यालय, बुलन्दशहर

67. सिटी एकेडमी डिग्री कॉलेज, लखनऊ

68. धीरेन्द्र महिला स्नातकोत्तर महाविद्यालय, वाराणसी

69. दिशा भारती कॉलेजऑफ मैनेजमेंट एंड एजुकेशन, सहारनपुर

70. डॉ. बीपीएस कॉलेज, आगरा

71. एडिटवर्क्स स्कूल ऑफ मास कम्युनिकेशन एंड एनिमेशन, नोएडा

72. फिल्म इंस्टीट्यूट ऑफ ईएमआईटीएस, लखनऊ

73. गणेश शंकर विद्यार्थी सुभारती पत्रकारिता एवं जनसंस्थान संस्थान

74. गौतम बुद्ध महाविद्यालय, कानपुर

75. राजकीय पॉलिटेक्निक, गाजियाबाद

76. दयालबाग इंस्टीट्यूट, आगरा

77. दिल्ली मेट्रोपीलिटीयन एजुकेशन, नोएडा

78. गुलशन कुमार फिल्म एंड टेलीविजन इंस्टीट्यूट ऑफ इंडिया, नोएडा

79. आईएमएस गाजियाबाद यूसी, आईईएमएस यूसी – प्रबंधन अध्ययन संस्थान, आध्यात्मिक

80. आईएमएस नोएडा – प्रबंधन अध्ययन संस्थान, नोएडा

81. आईएसओएमईएस नोएडा – इंटरनेशनल स्कूल अ,फ मीडिया एंड एंटरटेनमेंट स्टडीज

82. आईटीएम गोरखपुर – प्रौद्योगिकी एवं प्रबंधन संस्थान, गोरखपुर

83. इंस्टीट्यूट ऑफ एप्लाइड मेडिसिन एंड रिसर्च, गाजियाबाद (आईएएमआर गाजियाबाद)

84. मोहम्मद हसन पीजी कॉलेज जौनपुर

85. सत्यम फैशन इंस्टीट्यूट – नोएडा

86. आरजी इंस्टीट्यूट ऑफ प्रोफेशनल स्टडीज, गाजियाबाद

87. काशी इंस्टीट्यूट ऑफ मैनेजमेंट एंड साइंस, वाराणसी

88. फिल्म इंस्टीट्यूट ऑफ मैनेजमेंट एंड साइंस, लखनऊ

89. बाबू शिवनाथ अग्रवाल पीजी कॉलेज, मथुरा

90. भारतीय अंतर्राष्ट्रीय मीडिया संस्थान - नोएडा

91. हरिश्चंद्र पोस्ट ग्रेजुएट कॉलेज, वाराणसी

उत्तरप्रदेश में निजी कॉलेजों और राजकीय एवं निजी विश्वविद्यालयों में जनसंचार का कोर्स डिप्लोमा, डिग्री, पीएचडी संचालित हो रहा है। इस बात में कोई दो राह नहीं है कि उत्तरप्रदेश में सरकारी मीडिया शिक्षण संस्थानों से निजी मीडिया शिक्षण संस्थानों में अधिक संख्या में मीडिया शिक्षण संचालित है।

4.4 भारत के अन्य राज्यों में मीडिया शिक्षण के केंद्र

उत्तरप्रदेश और हरियाणा के मीडिया शिक्षण केंद्रों की जानकारी उपरोक्त 4.2, और 4.3 के माध्यम से मिली है इसी के तहत अन्य राज्यों में जो मीडिया शिक्षण केंद्र संचालित है। मीडिया शिक्षण केंद्र भारत के समस्त राज्यों में विस्तारित हो चुका है इस संबंध में मीडियाडॉटकरि360डॉटकाम से संबंधित सूचना नीचे की सारणी में देखें-

सारणी संख्या-122

भारत में मीडियाशिक्षण केंद्र-

राज्य	मीडिया शिक्षण केंद्र	राज्य का नाम	मीडिया शिक्षण केंद्र	कुल
महाराष्ट्र	335	मध्यप्रदेश	62	397
तमिलनाडु	152	हरियाणा	58	210
उत्तरप्रदेश	138	पंजाब	54	192
कर्नाटक	88	राजस्थान	48	136
दिल्ली एनसीआर	85	दिल्ली	46	101
केरला	75	गुजरात	44	119
पश्चिम बंगाल	67	उत्तराखंड	39	106
तेलंगाना	33	उड़ीसा	24	61
छत्तीसगढ़	18	आंध्रप्रदेश	18	36
झारखंड	15	चंडीगढ़ ट्राइसिटी	11	26
बिहार	11	आसाम	10	21
चंडीगढ़	08	अरूणाचल प्रदेश	07	15
हिमाचल प्रदेश	06	मणिपुर	05	11
गोवा	04	नागालैंड	05	09
मेघालय	03	सिक्किम	03	06
जम्मू कश्मीर	01	पांडेचेरी	01	02
कुल संख्या				1243

स्त्रोत: ttps://media.careers360.com[189]

उपरोक्त सारणी संख्या-122 के अनुसार देश में मीडिया शिक्षण केंद संचालित हो रहे हैं उनमें- महाराष्ट्र-335, तमिलनाडु-152, उत्तरप्रदेश-138, कर्नाटक-188, दिल्ली एनसीआर-85, केरला-75, पश्चिम बंगाल-67, तेलंगाना-33, छत्तीसगढ़-18, झारखंड-15, बिहार-11,चंडीगढ़-08, हिमाचल प्रदेश- 06, गोवा-4, मध्यप्रदेश-62, हरियाणा-58, पंजाब-54, राजस्थान-48, दिल्ली-46, गुजरात-44,

---

[189]ttps://media.careers360.com

उत्तराखंड-39, उड़ीसा-24, आंध्रप्रदेश-18, चंडीगढ़ ट्राइसिटी-11, आसाम-10, अरूणाचल प्रदेश-07, मणिपुर-05, नागालैंड-5, सिक्किम-03, जम्मू कश्मीर-01, पांडेचेरी-01 सम्मिलित है। वेबससाइट के अनुसार भारत में वर्तमान में मीडिया केंद्रों की कुल संख्या-1243 है।

<table>
<tr><td>कोर्स का नाम</td><td>संख्या</td><td>कुल संख्या</td><td rowspan="3">सारणी संख्या-123</td></tr>
</table>

कोर्स का नाम	संख्या	कुल संख्या
जनसंचार	606	606
पत्रकारिता	305	305
फिल्म, टीवी एवं वीडियो प्रोडक्शन	68	68
फिल्म मेकिंग	76	76
डिजीटल मीडिया	82	82
फोटोग्राफी	68	68
विज्ञापन	68	68
जनसम्पर्क	50	50
इंवेट मैनेजमेंट	58	58
मीडिया मैनेजमेंट	69	69
संचार	60	60
दर्शय संचार	183	183
अन्य	126	126
कुल संख्या	--	1819

सारणी संख्या-123

मीडिया शिक्षण केंद्रों में संबंधित कोर्स

स्त्रोत: ttps://media.careers360.com[190]

उपरोक्त सारणी संख्या-123 के अनुसार देश में मीडिया शिक्षण केंद जो कोर्स संचालित कर रहे है उनमें मुख्यत: जनसंचार-606, पत्रकारिता-305, फिल्म, टीवी एवं वीडियो प्रोडक्शन-68, फिल्म मेकिंग-76, डिजीटल मीडिया-82, फोटोग्राफी-68, विज्ञापन-68, जनसम्पर्क-50, इंवेट मैनेजमेंट-58, मीडिया मैनेजमेंट-69, संचार-60, दर्शय संचार-183, अन्य-126 सम्मिलित हैं जिनकी कुल संख्या 1819 है।

सारणी संख्या-124
मीडिया शिक्षण कोर्स मोड की संख्या

1.	फूल टाईम कोर्स	1,227
2.	पार्ट टाईम कोर्स	28
3.	डिर्टेंस कोर्स	10
4	ऑनलाइन कोर्स	08
5.	कुल संख्या	1,273

स्त्रोत: ttps://media.careers360.com[191]

उपरोक्त सारणी संख्या-124 के अनुसार देश में मीडिया शिक्षण केंदों में जो कोर्स मोड संचालित हो रहे है उनमें मुख्यत: फूल टाईम कोर्स-1227, पार्ट टाईम कोर्स-28, डिर्टेंस कोर्स-10, ऑनलाइन कोर्स-08 सम्मिलित हैं जिनकी कुल संख्या- 1273 है।

---

[190]ttps://media.careers360.com
[191]ttps://media.careers360.com

सारणी संख्या-125

मीडिया शिक्षण कोर्स पर सरकारी एवं गैरसरकारी विभागों एवं संस्थानों का संचालन

1.	निजी मीडिया केंद्र	1,243
2.	सरकारी मीडिया केंद्र	415
3.	कुल संख्या	1,658

स्त्रोत: ttps://media.careers360.com[192]

उपरोक्त सारणी संख्या-125 के अनुसार देश में करिअरमीडिया डॉटकॉम के हिसाब से मीडिया शिक्षण कोर्स पर सरकारी एवं गैरसरकारी विभागों एवं संस्थानों का संचालन इस प्रकार से है- निजी मीडिया केंद्रों की संख्या-1243, सरकारी मीडिया केंद्रों की संख्या-415 है जिनकी कुल संख्या 1658 है।

4.5 मीडिया शिक्षण में करिअर

मीडिया शिक्षण में जो विद्यार्थी, पत्रकार, सूचना अधिकारी, जनसम्पर्क अधिकारी, एंकर, रेडियो जॉकी एवं अन्य पदों पर कार्य करने वलो लोग आना चाहते है उनके लिए सुनहरा अवसर है क्योंकि जिस गति से मीडिया उद्योग आगे बढ़ रहा है उस गति से मीडिया शिक्षण संस्थान देश के कोने-कोने में स्थापित हो चुके है। ये मीडिया शिक्षण संस्थान सरकारी एवं निजी तौर पर अपने संस्थानों में अनुभवी लोगों को शिक्षक बनने का मौका दे रहे है। मीडिया शिक्षण में आप निम्नलिखित पदों पर अपना करिअर बना सकते है-

1. **मीडिया शिक्षक**-हरियाणा प्रदेश में हरियाणा सरकार और भारत सरकार के अंतर्गत चल रही राष्ट्रीय कौशल योग्यता फ्रेमवर्क (एन.एस.क्यू.एफ.) योजना के तहत प्रदेश के कुछ सरकारी स्कूलों में मीडिया शिक्षक की नियुक्तियां की जाती है। जिन अभियार्थियों ने जनसंचार एवं पत्रकारिता विषय में मास्टर डिग्री की हुई है उनको इन स्कूलों में मीडिया शिक्षक के पद पर नियुक्तियां करवाई जाती है। पत्रकारिता में मास्टर डिग्री के साथ ग्राफिक्स एनिमेशन, वीडियोग्राफी, फोटोग्राफी और लेखन में भी महारत हासिल होनी चाहिए।

2. **असिस्टेंट प्रोफेसर** -विभिन्न प्रदेशों के उच्चतर शिक्षा विभागों के अंतर्गत एवं विभिन्न सरकारी एवं गैरसरकारी विश्वविद्यालयों में समय-समय पर पत्रकारिता से संबंधित शिक्षकों की असिस्टेंट प्रोफेसर के पदों पर नियुक्तियां होती है। इन संस्थानों मेंस्थाई एवं अस्थाई पदों की नियुक्तियों के संबंध में अभ्यर्थी को जनसंचार एवं पत्रकारिता में 55 प्रतिशत अंकों के साथ मास्टर डिग्री, यूजीसी-नेट, यूजीसी-जेआरएफ, पीएच.डी (दो में से एक) अनिवार्य है। इसके अतिरिक्त अभ्यर्थी निजी कॉलेजों, निजी विश्वविद्यालयों से अपने करिअर की शुरूआत कर सकते है, क्योंकि समय-समय पर यहां भी शिक्षकों की नियुक्तियां होती रहती है।

3. **एसोसिएट प्रोफेसर** -जनसंचार एवं पत्रकारिता विषय में असिस्टेंट प्रोफेसर लगने के आठ वर्षों बाद किसी भी राजकीय एवं निजी विश्वविद्यालयों में एसोसिएट प्रोफेसर के लिए अभ्यर्थी आवेदन कर सकता है। इस पद के लिए अभियर्थी को पीएचडी होना आवश्यक है।

4. **प्रोफेसर पद** - किसी भी विषय के शिक्षक पद पर प्रोफेसर का पद सबसे ऊँचे पायदान पर होता है। इस पद की नियुक्ति के लिए सभी प्रकार के विश्वविद्यालय सीधे तौर पर आवेदन आमंत्रित करते है। अभ्यर्थी को नियुक्ति के लिए एसोसिएट प्रोफेसर होना लाजमी होता है, साथ ही उसे एसोसिएट प्रोफेसर पर 10 वर्षों का शैक्षणिक अनुभव होना आवश्यक है।

---

[192]ttps://media.careers360.com

निष्कर्ष –उपरोक्त अध्याय के तहत कुछ मुख्य बिंदुओं पर विचार किया जा सकता है जो इस प्रकार है–

1. भारत में मीडिया शिक्षण के प्रति राजकीय एवं गैरराजकीय शिक्षण संस्थाओं का रूझान बढ़ा है, क्योंकि तकनीकि के इस युग में सूचनाओं के अथाह प्लेटफ़ार्म स्थापित हो चुके हैं। इन सभी प्लेफ़ार्मा को मीडिया में डिप्लोमा एवं डिग्रीधारी युवाओं की मांग पहले से ज्यादा बढ़ी है।

2. मीडिया करिअर डॉटकॉम 360 के अनुसार देश में मीडिया शिक्षण केंद संचालित हो रहे हैं उनमें- महाराष्ट्रा-335, तमिलनाडु-152, उत्तरप्रदेश-138, कर्नाटक-188, दिल्ली एनसीआर-85, केरला-75, पश्चिम बंगाल-67, तेलंगाना-33, छत्तीसगढ़-18, झारखंड-15, बिहार-11, चंडीगढ़-08, हिमाचल प्रदेश- 06, गोवा-4, मध्यप्रदेश-62, हरियाणा-58, पंजाब-54, राजस्थान-48, दिल्ली-46, गुजरात-44, उत्तराखंड-39, उड़ीसा-24, आंध्रप्रदेश-18, चंडीगढ़ ट्राइसिटी-11, आसाम-10, अरूणाचल प्रदेश-07, मणिपुर-05, नागालैंड-5, सिक्कम-03, जम्मू कश्मीर-01, पांडेचेरी-01 सम्मिलित है। वेबससाइट के अनुसार भारत में वर्तमान में मीडिया केंद्रों की कुल संख्या-1243 है।

3. भारत में मीडिया शिक्षण कोर्स मोड की संख्या उनमें मुख्यत: फूल टाईम-1227, पार्ट टाईम-28, डिटेंस-10, ऑनलाईन-08 सम्मिलित है जिनकी कुल संख्या 1273 है।

4. करिअरमीडिया डॉटकॉम के हिसाब से मीडिया शिक्षण कोर्स पर सरकारी एवं गैरसरकारी विभागों एवं संस्थानों का संचालन इस प्रकार से है- निजी मीडिया केंद्रों की संख्या-1243, सरकारी मीडिया केंद्रों की संख्या-415 है जिनकी कुल संख्या 1658 है।

5. मीडिया करिअर डॉटकॉम 360 के अनुसार देश में मीडिया शिक्षण केंद जो कोर्स संचालित कर रहे हैं उनमें मुख्यत: जनसंचार-606, पत्रकारिता-305, फिल्म, टीवी एवं वीडियो प्रोडक्शन-68, फिल्म मेकिंग-76, डिजीटल मीडिया-82, फोटोग्राफी-68, विज्ञापन-68, जनसम्पर्क-50, ईवेंट मैनेजमेंट-58, मीडिया मैनेजमेंट-69, संचार-60, दर्शय संचार-183, अन्य-126 सम्मिलित है जिनकी कुल संख्या 1819 हैं।

6. भारत सरकार के सूचना एवं प्रसारण मंत्रालय के समय-समय पर विभिन्न भाषाओं में सूचना अधिकारियों की नियुक्तियां करता है जिसके तहत जनसंचार एवं पत्रकारिता में मास्टर डिग्री अनिवार्य होता है इस कारण भी विद्यार्थियों का मीडिया शिक्षण के प्रति रूझान पहले से अधिक बढ़ा हुआ है।

7. राज्यों के जनसम्पर्क विभाग समय-समय पर जिला सूचना अधिकारियों, सहायक जन सूचना अधिकारियों की नियुक्ति करते रहते है जिसके तहत भी जनसंचार एवं पत्रकारिता में मास्टर डिग्री अनिवार्य होती है।

8. उत्तरप्रदेश के निजीकॉलेजों में जनसंचार विषय संबंधित कोर्स संचालित है जिसके तहत डिप्लोमा, डिग्री, उपाधि दी जा रही हैजबकि राजकीय कॉलेज इस बेहतर कोर्स से वंचित है क्योंकि उच्चतर शिक्षा विभाग, उत्तरप्रदेश ने जनसंचार एवं पत्रकारिता विषय से संबंधित कोर्स सम्मिलित नहीं किया है। उत्तरप्रदेश सरकार को इस संबंध में उचित ध्यान देना होगा कि उच्चतर शिक्षा विभाग उत्तरप्रदेश के तहत राजकीय कॉलेजों में जनसंचार विषय की शुरूआत की जाये ताकि प्रत्येक वर्ग से संबंधित विद्यार्थियों को इस क्षेत्र में अधिक से अधिक आने के सुअवसर प्राप्त हो सके।

9. हरियाणा में भारत सरकार के अंतर्गत चल रही राष्ट्रीय कौशल योग्यता फ्रेमवर्क (एन.एस.क्यू.एफ.) योजना के तहत प्रदेश के कुछ राजकीय रकूलों में गीडिया शिक्षक की नियुक्तियां की जाती है। हरियाणा सरकार ने एक दशक से इस योजना के तहत 18 राजकीय स्कूलों में जनसंचार विषयस्थापित किया गया है जिसकी लिस्ट उपरोक्त सम्मिलित की गई है। इस संदर्भ में सरकार द्वारा शिक्षकों को उचित मानदेय दिया जाता है।

10. वर्तमान समय में सोशल मीडिया ने अपनी एक अहम भूमिका समाज में बनाई है जिसके तहत प्रत्येक क्षेत्र के लोगों की रूचि इस ओर बढ़ी है जिसके तहत वे अपना यू-ट्यूब चैनल स्थापित किए हुए है। इस कड़ी में जनसंचार एवं पत्रकारिता में मास्टर डिप्लोपा, डिग्री, धारक कहां पीछे रहने वाले है उन्होंने भी अपने-अपने स्थानीय स्तर की सूचनाएं देने के लिए यू-ट्यूब चैनल स्थापित कर लिये और वर्तमान में स्थापित हो रहे है। विद्यार्थियों का मीडिया शिक्षण में करिअर के प्रति रूझान पहले से अधिक बढ़ा है, क्योंकि जिस गति भारत में मीडिया शिक्षण केंद्रों की संख्या बढ़ी रही है उसी गति से मीडिया शिक्षकों की भी मांग दिनोंदिन बढ़ती जा रही है।